监管科技
工程方法

蒋东兴 李霄 袁芳 程海森 刘卫东 等 著

清华大学出版社
北京

内 容 简 介

现阶段科技监管的核心是依托信息化手段搭建业务需求与科技实现之间联系的"桥",形成科技与监管业务的高效融合,构建在线风险发现、线下风险核查、风险结果评价的OOE新型监管模式,实现DT时代"数据让监管更加智慧"的科技监管愿景。本书通过研究建立一套科学的监管科技工程方法,依托信息化手段实现业务流程再造和数据的汇总、存储、调用,充分利用新一代信息技术向智能化监管转型,持续完善现代金融监管体系,补齐监管短板。

本书可作为监管从业人员、分析师队伍、相关技术人员及研究人员等开展数字化转型实践的操作指南。一方面,为分析师提供工程化方法,指导分析师按程序和规范工程化地开展监管科技系统建设,有所遵循与依归;另一方面,工程化分析的成果容易让业务人员理解各种模型,使技术人员容易理解各类监管业务,为监管业务与科技的深度融合搭建好桥梁。

版权所有,侵权必究。举报: 010-62782989,beiqinquan@tup.tsinghua.edu.cn。

图书在版编目(CIP)数据

监管科技工程方法 / 蒋东兴等著. -- 北京: 清华大学出版社, 2024.12. -- ISBN 978-7-302-67662-1

Ⅰ. F830.49

中国国家版本馆CIP数据核字第2024CG5260号

责任编辑:张占奎
封面设计:陈国熙
责任校对:欧 洋
责任印制:丛怀宇

出版发行:清华大学出版社
网　　址:https://www.tup.com.cn,https://www.wqxuetang.com
地　　址:北京清华大学学研大厦A座　　邮　编:100084
社 总 机:010-83470000　　邮　购:010-62786544
投稿与读者服务:010-62776969,c-service@tup.tsinghua.edu.cn
质量反馈:010-62772015,zhiliang@tup.tsinghua.edu.cn
印 装 者:三河市龙大印装有限公司
经　　销:全国新华书店
开　　本:185mm×260mm　　印　张:13　　字　数:300千字
版　　次:2024年12月第1版　　印　次:2024年12月第1次印刷
定　　价:108.00元

产品编号:107601-01

序一

《中华人民共和国国民经济和社会发展第十四个五年规划和2035年远景目标纲要》明确提出："完善现代金融监管体系，补齐监管制度短板，在审慎监管前提下有序推进金融创新，健全风险全覆盖监管框架，提高金融监管透明度和法治化水平。稳妥发展金融科技，加快金融机构数字化转型。强化监管科技运用和金融创新风险评估，探索建立创新产品纠偏和暂停机制。"在金融行业数字化转型大背景下，科技支持的金融创新不断涌现，如何强化监管科技运用，已经成为摆在金融行业科技人员面前的一个重要命题。

中国证监会高度重视监管科技建设，近年来陆续印发了《中国证监会监管科技总体建设方案》《证监会智慧监管IT战略规划》等顶层设计文件，以"数据让监管更加智慧"为愿景，推动构建应用全面覆盖、流程相互协同、数据上下贯通、智能技术有效应用的智慧监管平台，建成稳定、高效的监管业务专用证联网和监管云平台，汇聚形成集中统一的监管大数据仓库，持续推进发行、上市、债券、机构、私募、稽查等重点监管科技系统建设，丰富了监管工具箱，强化了科技对资本市场监管的支撑作用。

在监管科技系统建设中，如何运用好大数据、人工智能等新兴信息技术提升监管科技系统的自动化、智能化水平，成为一个绕不开的课题。而对于证券期货行业监管这样业务复杂的重负载型智能化信息系统建设，特别是其中的数据型分析型监管科技系统建设，我们没有现成的经验，实际上业界也没有可以直接借鉴的方法，很多成功的智能型信息系统建设还处在"艺术"阶段。为此，我们组织分析师团队加强监管科技工程方法的研究，力图建立一套工程化方法，能够把监管科技系统建设工程化，包括管理型流程型和数据型分析型监管科技系统。

经过多次研究、讨论，我们决定以《信息化顶层设计》（清华大学出版社，2015年）设计的工程方法为基础，通过扩展、深化信息资源规划等工程化方法，特别是加强对于数据型分析型业务监管场景的分析方法研究，建立能够支持智能化监管等信息化需求分析的工程方法，通过系统梳理、分析业务和全域综合模型设计，建立智能化监管需要的业务模型、数据模型、功能模型/分析模型和用户模型，搭建监管业务与科技融合之桥，形成能够支持用户（业务部门）和业务分析师、开发工程师（科技部门）之间协同开展监管科技建设的工程化方法，开展智能型监管科技系统建设的工程化实践。

2018年《中国证监会监管科技总体建设方案》发布后，在监管科技3.0基础分析能力建设中，我们即开始了监管科技工程方法的探索之路。初期主要在财务风险分析和市场主体全景画像中尝试，随后在IPO发行审核、上市公司财务风险识别和私募机构风险发现等应用分析场景开展推广应用，在实践中初步形成了一整套工作流程与规范。在2022年编制《证监会智慧监管IT战略规划》时，我们便全面应用这套工作流程与规范开展证券期货业监管全域业务分析与模型设计，并在规划过程中不断优化完善设计方法，到规划发布时同步完成了监管科技工程方法的主体设计。

2022年7月，为进一步完善监管科技工程方法，我们在证监会首批科技监管研究课题中设立了"监管科技工程方法研究"课题，由中证数据公司牵头，邀请多家行业监管机构、核心机构和经营机构专家共同参与研究。课题组经过一年多的理论与实践相结合的研究，采用"理论指导实践、实践完善理论"循环模式，打磨出一套能够具体指导监管科技系统建设的工程化方法，并从实践中总结了若干个可供经验共享的成功案例。在课题验收之际，课题成果达到单独出版水平，实属可喜可贺！

监管科技系统建设成功的关键在于分析师队伍作用的发挥和业务与科技的深度融合两个方面。监管科技工程方法就是希望能够解决其中的关键问题：一方面，为分析师提供工程化方法，指导分析师按程序和规范工程化地开展监管科技系统建设，有所遵循与依归；另一方面，工程化分析的成果是容易让业务人员理解的各种模型，为监管业务与科技的深度融合搭建好桥梁。这里说的分析师队伍并非新的概念，实际上就是传统的系统分析师（需求分析员）的扩展与细分，以适应大数据、人工智能技术背景下智能化监管的需要，具体来说，可以细分为负责传统管理型流程型业务的系统分析师、负责新型数据型分析型业务的模型分析师和基于数据分析发现业务规律的数据分析师。

五十多年前，软件工程的兴起就是为了实现程序设计由"艺术"到"工程"，因为只有采用工程化方法才能够批量生产出需要的产品。半个世纪过去了，软件工程虽然取得了很大成就，但前辈们的程序设计工程化理想并没有完全实现。监管科技工程是要在一个狭窄的专业领域去推动监管科技系统建设由"艺术"到"工程"，其难度可想而知。但证券期货业科技监管的同仁们毕竟勇敢地迈出了第一步，本书提出的监管科技工程方法虽显粗陋，但是比较完整地定义了一整套能够指导监管科技系统建设的方法、流程与规范，在证券期货业监管科技系统建设中已经开始发挥作用，预期对于其他行业的监管科技系统建设亦会有所裨益。

一个工程方法需要持续打磨和优化，在适应更多业务范围的广度拓展和更好指导工程实施的深度增进中不断完善，才能称其为"工程化方法"，而不是一个小团队的"工作指南"。希望证券期货业科技监管同仁们再接再厉，在此工程方法的优化完善上不断精进；也希望业界专家倾心指导，不吝直言，批评指正，共同助力监管科技工程方法的发扬光大！

是为序。

蒋东兴
2023年10月

前　言

中国证监会坚决贯彻落实党中央关于网络强国、科技强国、数字中国的决策部署。在资本市场改革发展中，紧紧围绕强化科技监管运用和稳妥发展金融科技两条工作主线，推动金融科技各项工作全面展开。当前正处于科技监管由信息化向智慧化阶段迈进的过程中，形成了科技监管多发展阶段特性共存的现象。面对日益迫切的监管业务需求，科技监管的主要任务包括新技术的融合、统一高效的数据供给和系统支撑，以及与时俱进的"高阶"系统建设。本书通过研究建立一套科学的监管科技工程方法，并将该方法探索应用到典型监管案例剖析中，进一步验证该监管科技工程方法在解决上述监管任务中的可行性及效能。

本书所构建的监管科技工程方法体系采用了"业务驱动的自顶向下"和"数据驱动的自底向上"有机结合的工作方式。优化完善了"总—分—总"方法步骤，依托信息化手段搭建业务需求与科技实现之间联系的"桥"。既准确把握监管对象的战略目标和战略意图，通过任务分解，逐级开展工作；又注重监管对象的实际现状和实际需求，从操作性、落地性上着手提出监管方案，将目标规划和具体任务设计都与战略目标达成一致。不仅形成科技与监管业务的高效融合，也为构建在线风险发现、线下风险核查、风险结果评价的新型监管模式夯实基础。

监管科技工程方法体系主要有三个方面的创新点。一是通过对证监会监管主线业务梳理，开展监管业务的多维度分类研究。根据被监管对象的业务时序划分为事前、事中、事后监管；根据监管主体的"三点一线"协同模式划分为证监会部门、派出机构和会管单位；根据监管业务的内涵性质划分为市场监管、产品监管、主体监管、服务监管和行为监管；根据监管模式划分为宏观审慎、微观审慎和功能监管。二是汇总聚焦监管业务特点，构建两类监管业务模型。一方面将依据程序形成的多类型、多阶段组织开展的相关工作归类为管理型流程型监管业务模型；另一方面将围绕各个业务领域监管场景的监管事项关注点，总结数据分析方法和工具，提炼监管指标体系等相关工作，归类为数据型分析型监管业务模型。三是在梳理数据型分析型业务需求的基础上，有机结合前沿的分析技术手段构建分析模型，形成与数据型分析型业务相匹配的支撑模型，帮助厘清业务活动的对象和业务组件，提升数据分析支撑行业监管业务的效能，解决传统方式逐渐难以满足监管需求的问题。

全书分为三部分，共十章。

第一部分为第 1 章我国证券期货业科技监管现状与挑战。通过对证监会监管技术实践的梳理，总结现阶段 4 个亟待解决的问题：一是监管业务与技术融合不够；二是监管信息系统"烟囱林立"；三是系统间"数据孤岛"突出；四是智慧型系统建设进展缓慢。

第二部分包括第 2 章面向证券期货业监管科技的工程方法、第 3 章监管业务总体分析方法、第 4 章监管业务职能域分析方法、第 5 章监管业务全域综合设计，属于工程方法论的主要内容。监管科技工程方法体系架构设计是对研究监管业务发展规律和工作规律的诸多研究方法进行抽象概括而形成的相互联系、相互制约的有机体系，它具有整体性、层次性和开放性等特征。本书将数据置于 DT 时代的中心，科学遵循数据稳定而处理多变的经验特性，构建在监管业务过程变化时保持相对稳定的实体和属性关系数据库，搭建 DT 时代科技监管信息化模型体系框架。其中重点是通过总体分析将业务模型划分为管理型流程型业务与数据型分析型业务，通过职能域分析、全域综合设计两个阶段工作，增加分析模型，完成整体的业务模型、数据模型、分析模型、功能模型、用户模型构建，并形成模型的持续优化迭代。

第三部分包括第 6 章五维度舞弊识别模型的构建与预警、第 7 章企业财务异常及舞弊识别和归因分析、第 8 章人工智能赋能信用债违约预警、第 9 章债券违约预测分析、第 10 章基于自动化智能监管平台对监管效能提升的研究，属于监管科技工程方法论应用案例，主要侧重介绍数据型分析型监管业务的具体实践。

本书是"监管科技工程方法研究"课题研究团队合作的结晶：蒋东兴负责策划、总体指导与审核；李霄、袁芳、刘卫东负责统稿与全书衔接、优化；李霄、程海森牵头完成工程方法论的理论研究、框架搭建、专业术语定义，并参与总体分析方法、职能域分析方法、全域综合设计、五类案例分析相关内容的撰写；马馨、袁钰坤、吴畏撰写数据型分析型业务模型、数据模型；余勇、王忠撰写管理型流程型业务模型、功能模型；马世韬、董春国撰写总体调研、功能模型；付朋辉、王超撰写用户模型；叶敏、李延国、杜艳力、叶钦华、陈丽丽负责撰写五维度舞弊识别模型的构建与预警、人工智能赋能信用债违约预警两部分内容；黄王侯、范若飞、陈晓光、辛治运、张汉林、林康、刘宇负责撰写企业财务异常及舞弊识别和归因分析、债券违约预测分析两部分内容；孟强、侯睿、彭捷、魏帅、祖强、巩喜云负责撰写基于自动化智能监管平台对监管效能提升的研究内容。课题团队的其他成员在提供资料、专题研讨等方面都有贡献。

本书的撰写与出版，源于证监会科技监管课题"监管科技工程方法研究"，还要感谢证监会科技监管司科研与标准化处各位同仁的持续支持与指导！

希望本书的出版能够起到一个抛砖引玉的作用，也恳请广大读者不吝指正，我们由衷表示感谢！

监管科技工程方法研究课题组
2024 年 5 月

目　　录

引言	1
第 1 章　我国证券期货业科技监管现状与挑战	**3**
1.1　科技监管的现状	3
1.1.1　监管业务实践	4
1.1.2　监管技术实践	4
1.2　科技监管的挑战	5
第 2 章　面向证券期货业监管科技的工程方法	**7**
2.1　信息化发展阶段与工程方法概述	7
2.1.1　建设分散独立信息系统阶段	7
2.1.2　建立统一信息系统阶段	8
2.1.3　全面提升统一信息系统阶段	8
2.1.4　不断提升智能化信息系统阶段	9
2.2　证券期货业监管科技工程方法构建目标	9
2.2.1　总体目标	9
2.2.2　业务目标	9
2.2.3　技术目标	10
2.3　证券期货业监管科技工程方法框架	10
2.3.1　构建原则	10
2.3.2　方法体系	11
2.3.3　核心步骤	12
2.3.4　总体框架	13
2.4　专业术语	13
第 3 章　监管业务总体分析方法	**18**
3.1　总体调研	18

3.1.1	总体调研的原则	18
3.1.2	总体调研的方法	19
3.1.3	总体调研的内容	20
3.1.4	总体调研的交付物	25

3.2 主线业务分析 26
- 3.2.1 主线业务识别 26
- 3.2.2 主线业务分类 32

3.3 管理模式分析 36
- 3.3.1 用户分析 36
- 3.3.2 用户分类 36
- 3.3.3 用户角色定义 37
- 3.3.4 岗位设置和特征 38

3.4 职能域初步划分 39
- 3.4.1 职能域名称和描述的确定 39
- 3.4.2 职能域间相互关系 39
- 3.4.3 职能域划分列表 40

3.5 本章规范 40
- 3.5.1 专业术语 40
- 3.5.2 格式标准 41

第4章 监管业务职能域分析方法 45

4.1 职能域部门调研 45
- 4.1.1 部门职能调研 46
- 4.1.2 业务内容调研 46
- 4.1.3 监管场景调研 46
- 4.1.4 业务数据调研 46

4.2 职能域部门业务识别 47
- 4.2.1 职责分析 47
- 4.2.2 业务识别 49
- 4.2.3 监管场景识别 50
- 4.2.4 业务数据识别 53

4.3 职能域业务流程分析 54
- 4.3.1 梳理活动主体 54
- 4.3.2 梳理活动内容 54
- 4.3.3 梳理活动时序 55
- 4.3.4 梳理主体关系 55

4.4	职能域主线业务分类与建模	59
	4.4.1 建立业务模型	59
	4.4.2 管理型流程型业务建模	59
	4.4.3 数据型分析型业务建模	69
4.5	本章规范	78
	4.5.1 专业术语	78
	4.5.2 格式标准	79

第 5 章 监管业务全域综合设计 86

5.1	优化完善主线业务分类	86
5.2	全域视角业务模型设计	87
	5.2.1 全域业务流程设计	87
	5.2.2 全域业务实体属性划分	89
	5.2.3 全域业务模型归纳	89
5.3	全域视角数据模型设计	95
	5.3.1 全域数据流设计	95
	5.3.2 全域数据模型设计	98
	5.3.3 全域数据模型设计交付物	101
5.4	全域视角分析模型设计	102
	5.4.1 汇总各职能域分析模型	102
	5.4.2 归纳职能域监管需求和相关分析能力	102
	5.4.3 全域分析模型优化	106
5.5	全域视角功能模型设计	106
	5.5.1 全域功能汇总	106
	5.5.2 全域功能优化	107
	5.5.3 全域功能规范化	107
5.6	全域视角用户模型设计	112
	5.6.1 用户模型设计	113
	5.6.2 建立机构视图	114
5.7	本章规范	115
	5.7.1 专业术语	115
	5.7.2 格式标准	116

第 6 章 五维度舞弊识别模型的构建与预警——数据型分析型业务案例 119

6.1	监管场景分析	119
	6.1.1 财务舞弊监管场景分析	120

		6.1.2 财务舞弊监管职能域分析	125
6.2	业务模型设计		126
6.3	案例介绍		127
		6.3.1 系统总体规划	127
		6.3.2 系统预警效果	128

第 7 章 企业财务异常及舞弊识别和归因分析——分析模型构建案例　132

7.1	监管场景分析		132
		7.1.1 总体需求	132
		7.1.2 覆盖对象	132
		7.1.3 模型要求	133
		7.1.4 应用场景	134
7.2	分析模型设计		135
		7.2.1 基础分析	135
		7.2.2 市场主体监管分析	135
		7.2.3 经营机构监管分析	136
7.3	案例介绍		137
		7.3.1 数据集分析	137
		7.3.2 小样本问题	140
		7.3.3 模型性能评估与应用价值分析	141

第 8 章 人工智能赋能信用债违约预警——监管场景分析案例　144

8.1	监管场景分析		144
8.2	业务模型设计		146
8.3	案例介绍		147
		8.3.1 系统总体规划	147
		8.3.2 系统预警效果	149

第 9 章 债券违约预测分析——分析模型构建案例　151

9.1	监管场景分析		151
		9.1.1 总体需求	151
		9.1.2 覆盖对象	152
		9.1.3 模型要求	152
		9.1.4 应用场景	154
9.2	分析模型设计		154

9.3 案例介绍 155
    9.3.1 债券违约预测分析 155
    9.3.2 预测数据标注及处理 156
    9.3.3 预测模型构建技术 158
    9.3.4 预测模型性能评估 158
    9.3.5 应用场景和价值分析 159

第 10 章 基于自动化智能监管平台对监管效能提升的研究——功能模型构建案例 160

10.1 监管场景分析 160
    10.1.1 场景分析 161
    10.1.2 职能域分析 164
10.2 功能模型设计 170
10.3 案例介绍：构建监管 AI 智能中台 171
    10.3.1 监管 AI 智能中台能力介绍 171
    10.3.2 监管 AI 智能中台建设路径 173
    10.3.3 监管 AI 智能中台快速迭代设计 175

参考文献 179

附录 A 管理型流程型监管业务模型示例 180

引　言

当前，提升公共服务、社会治理等数字化智能化水平，推动精细化社会管理的手段和方法创新、行政管理和监管方式创新，实现政府效能优化提升的新型治理模式，这对资本市场实行监督管理提出了更高的要求。面对日益迫切的监管业务需求，新技术的融合、统一高效的数据供给和系统支撑，以及与时俱进的"高阶"系统建设都已成为科技监管由信息化向智慧化阶段迈进中需达到的任务目标，这些都需要强化科技战略支撑，充分发挥科技服务监管、赋能监管、引领监管的作用。进一步来看，现阶段科技监管的核心是依托信息化手段搭建业务需求与科技实现之间联系的"桥"，形成科技与监管业务的高效融合；构建在线风险发现、线下风险核查、风险结果评价的OOE新型监管模式，实现DT时代"数据让监管更加智慧"的科技监管愿景。

在推进落实科技监管改革任务过程中暴露了一些问题与差距。首先，面对日益迫切的监管业务需求，业务与技术的融合程度不够，技术人员不理解业务痛点，双方都缺乏对方法论的认识和理解。其次，新一代信息技术持续向监管领域融合渗透，但目前仅局限于点状探索，缺乏对融合发展经验的积累提炼，欠缺覆盖全流程的数字化解决方案，尚未形成可复制、可推广的路径模式。再次，各系统之间普遍缺乏交互，数据底层尚未打通，数据质量需要进一步提升，数据治理需要进一步深化，不同条块的数据尚未充分融合，未形成全系统通用的基础数据库。最后，随着监管业务范围的扩展和监管力度的日益深化，仅仅是流程信息化已不能满足监管需要，"高阶"的智能化系统建设亟待加强。

解决科技监管发展改革过程中遇到的问题，首先要研究构建监管科技工程方法，使其成为战略能力实现和应用开发的桥梁，通过系统梳理、分析业务，建立智能化监管需要的业务模型、功能模型/分析模型、数据模型，打破"信息系统建设悖论"。一般而言，有"业务驱动的自顶向下"和"数据驱动的自底向上"两种方法。"业务驱动的自顶向下"是指从顶层业务规则入手，对整个业务进行切分，形成彼此独立的关键业务领域，在此基础上对相应业务数据划分主题，并按建模的步骤逐步细化，最终建立起反映业务规则的数据模型。"数据驱动的自底向上"是指从信息系统的原始业务数据入手，梳理数据现状，抽取与其中重要数据相关的实体，提炼、归纳这些实体的共性特征，在此基础上组织同类实体，并建立不同实体间的关系，最终形成反映数据特征的数据模型。

本书拟通过研究建立一套科学的监管科技工程方法，并将该方法探索应用到典型监管案例剖析中，进一步验证该工程方法在解决上述监管实际问题中的可行性及效能，以推进逐步实现在审慎监管前提下有序推进金融创新，健全风险全覆盖监管框架，提高金融监管透明度和法治化水平。

第1章
我国证券期货业科技监管现状与挑战

在资本市场改革发展中,证监会紧紧围绕强化科技监管运用和稳妥发展金融科技两条工作主线,推动金融科技各项工作全面展开。如向科技要生产力,稳步推动资本市场数字化转型发展;平衡创新与风险,积极引导证券期货业金融科技守正创新;推动监管与科技深度融合,全力打造智慧监管平台。证监会坚决贯彻落实党中央关于网络强国、科技强国、数字中国的决策部署,坚持不懈落实推进科技监管工作,科技监管建设经过多年的努力已初见成效。

1.1 科技监管的现状

证监会近年来积极推进监管系统信息化和科技监管建设。2018年5月,为实现借助科技能力提升金融监管水平,证监会组建了科技监管专家咨询委员会,专门聘请两院院士、高校学者以及企业专家担任咨询专家。2018年8月,证监会发布《中国证监会监管科技总体建设方案》,完成了证券期货业科技监管的顶层设计,明确了科技监管1.0、科技监管2.0、科技监管3.0各类信息化建设工作需求和工作内容。2019年12月,证监会首设科技监管局(后更名为科技监管司),将科技监管落实到组织人员层面。2020年证监会系统工作会议对科技监管工作提出了"以科技监管为支撑,进一步增强监管效能。推进监管科技基础能力建设,加快构建新型监管模式。加强对证券期货行业科技的监管,推动提升行业科技发展水平。积极探索区块链等创新金融科技的应用"等要求。2021年9月,证监会印发《证券期货业科技发展"十四五"规划》,紧扣"推进行业数字化转型发展"与"数据让监管更加智慧"两大主题,主要包括持续打造一体化行业基础设施、推进科技赋能与金融科技的转型、完善行业科技治理体制、塑造领先的安全可控体系、提高科技标准化水平、提升金融科技的研究水平等六方面内容,为新阶段证券期货业数字化转型发展提供了纲领性指南。2022年9月,证监会印发《证监会智慧监管IT战略规划》,明确了智慧监管平台是证监会规划建设的新一代监管科技系统,为"行政监管、自律监管协调联动"提供管理决策支持和科技支撑工具,进一步推动"数据让监管更加智慧"愿景实现,共享监管科技资源,建立健全横向协调、纵向联通、纵横协管的监管体系。

当前,证监会系统科技监管组织架构和基础制度体系已初步成型。证监会组建科技监管司，形成科技监管司、信息中心为一体，中证数据、中证技术为两翼的科技监管组织架构，统筹开展资本市场科技监管。建立健全科技监管制度体系，落实新证券法有关规定，发布信息技术系统服务机构备案管理等规章制度，规范促进金融科技发展，切实保障资本市场技术系统安全稳定运行。强化基础工程建设，抓好发行、上市、债券、机构、私募、稽查等监管信息系统重点项目落地见效，基本实现行政许可等政务服务"一网通办"，为资本市场改革创新提供技术保障。积极发展科技监管有助于缓解金融市场快速发展导致的监管人员、监管资源投入不足的问题，有效提升监管质效，从而推动金融科技和金融数字化更快、更好发展。同时，发展科技监管可以促进友好型监管，让监管更有温度、更受欢迎。

1.1.1 监管业务实践

1. 在信息披露方面

监管科技可以实现数据报送的真实、高效，可以提高信息披露的质量，减少信息不透明度，从而降低市场的信息不对称程度，有助于促进金融科技在资产定价、市场风控、投资配置等领域的创新。

2. 在风险控制方面

监管科技可以通过事件捕捉、诱因监测、概率分析等方式量化风险，实现风险的监测、识别，并提出合理处置对策，从而有效防范金融业务和资本市场业务、互联网金融、地方类金融等活动带来的风险，辅助监管分类施策、实现"精准拆弹"。

3. 在监管实施方面

监管科技可以在打击各类金融市场违法违规行为以及监测可疑金融主体时，提高稽核查处的效率，也给予市场合理预期，促进良性金融市场环境的构建。

4. 在促进创新方面

监管科技可以前置在金融活动中，通过明确金融创新标准、改善金融业务流程、设置风险控制机制等方式，支持金融科技创新、优化金融产品供给。

1.1.2 监管技术实践

1. 基本完成监管信息基础设施建设

证联网建设已经基本完成，支持"三点一线"互联互通。初步建成监管云及桌面云，按照"两地三中心"云平台总体技术架构，能满足会机关和派出机构工作人员日常使用。建设基于"监管链—地方链"双层链架构的新型基础设施，建成覆盖全部35家区域性股权交易中心的监管链,并完成与各地不同业务链的跨链对接。

2. 建设监管大数据仓库

在数据采集方面,实现会管单位及部分监管系统的数据基本汇集。在数据管理方面,积极推动落实《数据管理办法》,开展数据质量监测和提升专项行动。在数据供给方面,面向监管业务系统提供所需数据。在数据使用方面,开发基础性、通用性分析工具,提供多渠道的数据服务。

3. 全面升级监管业务系统

以发行监管系统、上市公司监管系统、债券监管系统、机构监管系统、私募基金监管系统和稽查执法综合管理平台等六大系统为代表的监管业务系统大都进行全面重构,包括图形用户界面、功能模块、数据质量提升等,已有 20 个主要监管业务系统投入使用,从各部门使用反馈意见看,均取得阶段性成果。同时,持续推动其他监管业务系统建设,探索智慧监管开发新模式,提升项目建设管理水平。

4. 搭建科技与业务的桥梁

统筹全系统专业力量深度参与,指导证监会各单位加强分析师专业队伍建设,搭好科技与业务联系的"桥"。目前已初步建成的分析师队伍,以"点—线—面"相结合的方式向相关业务部门开展试点派驻。

5. 持续提升运维保障水平

规范、高质量的运维工作是信息系统安全稳定运行的重要保障,也是充分发挥科技监管效能的必要条件。基础设施运维方面,推进证监会中心机房改造,提升运维保障能力。网络运维方面,统筹证监会各楼层网络综合布线系统改造,网络带宽和稳定性大幅提升,为监管云桌面部署提供可靠保障。开展内网、互联网等级安全测评,有效提升证监会办公网络的安全能力和保障水平。

1.2 科技监管的挑战

信息系统建设一直是一件难度很大、满意度不高的工作,主要是通常情况下,由于信息系统建设本身不是业务系统的整体信息化,而只是完成了特定业务功能的不完整信息化,并且用户缺乏足够的信息系统知识引起开发需求不完整,或是用户使用信息系统前后的业务需求发生变化,导致严格按照用户需求开发的信息系统,上线后往往不是用户需要的信息系统,形成"信息系统建设悖论"困局。这背后隐藏着 4 个亟待解决的问题。

1. 监管业务与技术融合不够

监管也处在学习、了解金融科技发展的过程中，在此基础上还需要探索出符合行业金融科技特点、发掘真正风险点的监管方法，在这个过程中也许会出现监管业务与技术之间不协调的情况。业务的惯性和技术的门槛导致科技难以有机融入监管业务中，存在业务技术"两张皮"的情况，使得业务的科技助力获得感不强，给科技监管发展带来一定程度上的障碍。

2. 监管信息系统"烟囱林立"

由于历史原因，证券市场是先有市场，再有监管，市场化开展较早，各单位、各部门建立了多个信息系统，形成了当前"烟囱林立""条块分割"的局面。在未考虑其他监管业务情况下，业务部门以各自的需求为导向建立系统，各系统间的壁垒严重，并导致大量重复建设，也导致资源浪费、运维难度大、成本高等问题。大量监管数据分散存储在不同的监管部门，很难发挥大数据在辅助决策、防范风险方面的重要作用。

3. 系统间"数据孤岛"问题突出

不同机构在数据搜集、处理、分析和应用方面的标准不同，事实上又形成了新的数据垄断和"数据孤岛"，这不仅导致了重复建设和资源浪费，也增加了机构与金融消费者信息和数据泄露的风险。由于系统间的数据不共享，使得相同的数据需求在没有统一的中间层支撑下会导致频繁且重复的数据采集，缺乏科技监管数据的统一运维体系，造成监管数据四处散落，未形成统一的合力。

4. 智慧型系统建设进展缓慢

与金融机构、互联网企业相比，金融监管部门在"科技＋金融"领域的人才队伍建设上相对滞后，缺乏具备大数据、分布式架构、人工智能和区块链技术设计与研发能力的专业人才。同时，监管力量向金融机构、互联网企业流失的现象长期存在，已经成为制约金融监管部门技术能力提升的重要因素。监管机构由于受人力、资金、技术等多因素限制，基于大数据、人工智能和云计算等前沿技术的系统因缺乏有效指导而建设缓慢，导致监管的智能化程度较低。

第 2 章
面向证券期货业监管科技的工程方法

从信息化发展规律可以看到，信息系统建设必将从分散走向集中，最终建立统一智能信息系统。统一智能信息系统是一个机构统一组织建设的全局性信息系统，能够支撑整个机构各项业务的有序运转。是在整合的基础设施、整合的数据、整合的用户、整合的应用、整合的权限、整合的流程基础上，实现信息集成、智能决策，为用户提供集成的、个性化的、智能化的信息服务，推动机构核心竞争力的提升。信息系统工程方法是在信息化发展过程中积累形成的，是一套面向企业、行业和政府部门信息资源开发与信息系统集成的科学、简明、实用的方法及工具体系，也需要根据信息化、智能化的发展不断完善。

2.1 信息化发展阶段与工程方法概述

信息系统工程方法是要研究解决在信息系统实践中怎么选用哪些技术和方法，选用中应遵从什么原则、使用什么方法、怎样评估等问题。信息系统实践不是一成不变的，从关注点来看，可分为四个阶段，每个阶段都有不同的工程方法来提出问题和给出问题的环境设定，提供给相应的工程技术人员去解决实践中遇到的不同问题。

2.1.1 建设分散独立信息系统阶段

此阶段属于建设早期，通过多年的建设，信息化基础设施已经初具规模：办公自动化和业务信息化稳步展开，公共信息服务成效显著，政务信息资源建设开始起步。这些系统在各项业务日常工作中发挥了重要的支撑作用。

但是，多年的信息化建设也暴露了很多问题：管理体制有待完善，规章制度有待健全；缺乏整体建设规划和目标，各部门信息系统分散独立建设运行；信息资源开发利用水平不高；信息标准和交换标准建设进展缓慢；缺乏统一的应用架构和信息安全保障体系；缺乏对业务数据的再分析；信息技术应用水平不高。

这个阶段大多是由机构内部各部门、各下属单位依据自身需要，按照"急用先建"的原则各自建设信息系统，并进行孤立管理。此阶段的信息系统主要应用于财务管理、人事管理、库存管理等方面，整个机构的信息化没有总体规划，信息系统不统一，各个系统之间不联网，业务系统的应用参差不齐，资源共享程度低，无法有效地支持业务协同和战略决策。分散独立信息系统建设阶段的主要特点是：系统数量多、用户少、规模小、应用范围窄；系统应用效率低，建设、维护成本高；形成众多的信息孤岛，信息共享程度低；无法有效支持业务协调和战略决策。

此阶段的工程方法论更多关注如何做好某个应用系统的分析、设计和实现工作。所采用的方法包括生命周期工程方法、原型工程方法和最终使用者开发工程方法等。

2.1.2　建立统一信息系统阶段

统一信息系统就是统一组织建设的全局性信息系统，能够支撑整个机构的各项业务有序运转。统一信息系统是在整合的基础设施、整合的数据环境、整合的用户、整合的应用、整合的权限和整合的流程基础上，实现信息集成，为用户提供集成的、个性化信息服务。统一信息系统的特征是：统一基础设施、统一公共平台、统一数据架构、统一服务架构、系统高度集成。

这个阶段指机构内部的信息化手段、工具应用已经比较广泛，基础设施比较完备，可以实现内部数据互联互通和多部门、多业务协调。在此基础上，由机构总部统一组织建设全局性的信息系统，并集中管理信息系统实施及制定相关制度和标准。

这种统一的信息系统有助于实现先进管理和集中管控，可以提升系统集成度和整体应用水平，大幅度减少设备采购和系统运行维护费用，可以促进部门间的协作和流程整合，提升核心竞争力。这个阶段基本实现了内部系统业务的集成，开始以优化和深化应用为主。

建立统一信息系统阶段的主要特点：系统数量大幅度减少，各系统用户多、规模大、应用范围广；系统应用效率高，整体运行维护成本下降；信息孤岛数量大幅度减少，信息共享程度大幅度提高；易于实现业务协同和支持战略决策。

此阶段的工程方法论更多关注如何尽可能地将基础设施进行统一建设，形成为各类应用系统提供基础设施服务的共用基础平台。所采用的方法包括体系设计工程方法、顶层设计工程方法、信息化建设基础工程方法和综合集成工程方法等。

2.1.3　全面提升统一信息系统阶段

此阶段的信息化已步入多区域、多部门、多业务的全面集成与协同，通过信息化有效改造和提升机构的价值链，提高创新和竞争能力，信息化已全面融入机构的管理、生产与运营活动。

全面提升统一信息系统阶段的主要特点：系统数量进一步减少，用户使用更集中；系统功能持续完善，更加满足业务需求；系统的应用更深入、更广泛，对业务的支持作用持续提升；信息化已经成为机构发展战略的一个重要组成部分。

这一阶段的信息化建设已成为机构发展战略的重要组成部分，信息系统整体应用水平全面提升，全面支撑机构的发展进程。通过对已建信息系统的持续提升，不断满足新的业务需求，从根本上杜绝低水平重复建设和新的信息孤岛的产生。通过对信息系统的进一步整合，提升系统集成度，从而使信息系统数量缩减到位，用户更加集中。

此阶段的工程方法论更多关注如何为企业形成数字流程，打造数字系统，用来固化组织中的核心流程，实现业务流程标准化。所采用的方法包括企业架构（EA）设计工程方法等。

2.1.4 不断提升智能化信息系统阶段

智能化是在数字化的基础上，通过人工智能技术和机器学习技术实现监管能力的全面自动化、智能化和理性化的过程。"数据让监管更加智慧"就是这个阶段的典型愿景。此阶段的技术主要包括人工智能、自然语言处理、深度学习等。如何推动证券期货业数字化转型和发展，提高监管的科技化智能化水平，是此阶段关注的重点领域和问题。其庞大复杂性已经远超单一组织和机构的掌控能力。因此，急需我们探索研究用于解决此阶段复杂问题的一套程序化的工作步骤、方法、技术和策略。

2.2 证券期货业监管科技工程方法构建目标

2.2.1 总体目标

当前，科技监管的多发展阶段特性共存，面对日益迫切的监管业务需求，新技术的融合、统一高效的数据供给和系统支撑，以及与时俱进的"高阶"系统建设都已成为科技监管由监管信息化向智慧监管阶段迈进中需达到的任务目标。通过研究建立一套科学的监管科技工程方法，并将该方法探索应用到典型监管案例剖析中，进一步验证该工程方法在解决实际监管问题中的可行性及效能，以构建信息化、智能化监管体系，逐步实现在审慎监管前提下有序推进金融创新，健全风险全覆盖监管框架，提高金融监管透明度和规范化水平。

2.2.2 业务目标

构建监管业务架构梳理工程方法体系。从总体分析、职能域分析和全域综合设计视角构建监管业务架构，厘清各业务线条的处理流程，形成监管业务架构梳理工程方法体系，搭建监管业务与科技高效融合的"桥"。采用"自顶向下""自底向上"的"上下结合"方式，基于业务流程图、数据流图、业务模型、用户模型、功能模型、分析模型、数据模型等建模方法与标准规范进行研究和分析，形成梳理管理型流程型和数据型分析型两大类业务的完整方法论与案例解析。

2.2.3 技术目标

本课题研究主要为扩展、深化信息资源工程化方法，建立能够支持智能化监管的数据资源管理、分析模型构建与信息系统建设工程方法。一方面，为避免受到先入为主的业务部门和个人视角影响，先通过系统梳理、分析业务，建立智能化监管需要的业务模型、功能模型、分析模型、数据模型、用户模型，及其相互映射关系，从底层逻辑解决监管信息系统"烟囱林立"的问题，打破"信息系统建设悖论"；同时促进监管工作的数字化转型，实现数据和模型的共享共用，减少"数据孤岛"问题出现。另一方面，从科技视角推广先进的科技手段，切实加强新兴技术与业务的深度融合，缓解监管业务和技术"两张皮"的问题；同时提升科技创新的业务效能，加强大数据、人工智能、云计算等前沿技术与监管系统的有机结合，实现其在科技监管场景的有效落地和应用，从而纾解智慧型"高阶"系统建设缓慢的问题，保障行业科技发展战略实施落实。

2.3 证券期货业监管科技工程方法框架

2.3.1 构建原则

1. 坚持流程整合，业务畅通

一是业务流程的不同环节能够有机关联。利用工作流、消息、协同等技术，按照事务逻辑整合、关联同一业务流程的不同环节，实现不同用户在统一网络环境中对同一事务的协调处理。二是实现全局畅通的信息流。跨业务部门的流程能够在不同的信息系统中顺畅流转，完成系统间信息的连接和协调，支持跨系统的信息内容关联，使得用户能获取完整、统一的信息，实现全局畅通的信息流，提高业务决策的准确性和效率。三是支持业务重组、流程优化。通过信息整合与业务优化，支持部门内、部门间流程的协同运转，支持横贯机构多个部门的业务重组和流程优化。

2. 坚持数据整合，共享共用

一是明确数据源管理，规范数据共享，确定权威数据来源，明确数据管理权限规范、数据共享的范围与方式等。建立畅通的数据共享机制，建设数据共享与交换平台，实现全局数据交换与共享，保证数据的高度一致性。二是建立数据模型，对数据进行有序组织和统一管理。通过整体数据规划，定义数据主题，规范数据结构，建立统一的数据模型，建立全局数据视图，为整个机构统一的数据库规划、设计和数据使用提供指导。对业务数据科学分类、有机组织和统一管理,使各系统间数据有序地流动、共享和应用。

3. 坚持功能整合,平台统一

一是遵循统一的功能平台和技术架构,提供统一的功能服务,通过建立统一的IT架构,对用户提供的系统、服务、应用、数据等功能进行管理和控制。同时,支持系统间服务调用,保证系统间方便的数据共享、功能调用与流程运转。二是遵循统一的功能应用管理规范,支持跨系统流程整合,各信息系统遵循统一的应用管理规范,无缝地集成到信息门户系统中,使业务数据和功能被方便地获取、加工和封装,以支持跨系统的业务流程整合。同时,各信息系统还要遵循一定的界面规范,使得不同应用的界面能够融为一体。

4. 坚持用户整合,权限统筹

一是形成全局统筹的用户模型,实现用户的集中化和统一的管理。同时要对覆盖所有系统的用户进行合理的分类和有效的组织,建立规范、准确的用户管理机制和用户管理流程,确保用户信息的准确性,实现对用户身份全生命周期的统一管理。二是提供统一的用户授权管理、权限验证与访问控制服务,建立支持分级授权管理的灵活授权机制,包括角色管理、角色权限管理、用户角色管理、用户权限查询等。各系统通过获取用户权限来实现对用户访问信息及执行操作的控制。

5. 坚持工具整合,应用集成

一是按照一定的框架结构对主要的数据分析类型的算法和模型工具进行梳理,并提供基于业务需求和数据现状的工具选择思路。二是将数据分析工具进行集成,搭建起监管业务和分析工具的桥梁。三是遵循企业级信息科技架构规范,形成统一技术平台,为各类应用系统提供统一的标准、规范。同时整合资源,减少系统功能重复建设,提高软件开发的效率、标准化、可用性及复用性,实现功能复用、数据共享和技术统一。

2.3.2 方法体系

1. 第一层次——方法论

证券期货业的数字化转型进一步加速促进了业务发展,提升了行业竞争力,但同时也使得业务边界更加模糊,违法违规行为更加隐蔽,给资本市场监管工作带来了新的挑战。监管科技工程的方法论是通过强化科技监管应用实践,积极利用数据挖掘、智能决策、智慧技术等技术丰富各种监管手段,提高跨行业、跨市场交叉性金融风险的识别、防范和化解能力。

2. 第二层次——系统论

监管科技工程的系统论是把金融市场中互相联系、互相作用的诸多要素,围绕监管科技工程的核心目的构成具有特定功能的有机整体。现代金融市场已经是一个高度互联的机构网络，也是一个相互依存的金融生态系统，需要定性定量地测度整个金融生态体系的主要特点、变化过程和风险传播规律。进而针对不同的业务诉求和应用场景，形成兼顾管理型流程型和数据型分析型业务的监管体系，最终实现加强金融体系监管、预警和处置风险的目标。

3. 第三层次——一般方法

监管科技工程的一般方法是基于业务流程图、数据流图、业务模型、用户模型、功能模型、分析模型、数据模型等建模方法与标准规范来进行研究和分析。主要运用现代信息技术，充分发挥金融科技监管的数据监控和政策优化功能，实现金融体系全覆盖、穿透式的监管。监管科技工程方法具备数字化、智能化、实时性、预测性和共享性，极大地推动金融监管治理的精准化、宏观决策的科学化以及金融服务的高效化。

4. 第四层次——具体方法

监管科技工程的具体方法依托于国家金融基础设施互联互通，逐步构建金融科技监管的实施基础。监管科技工程的具体方法一般具有四个核心特征：一是整合，即对错综复杂的数据信息进行快速耦合聚类；二是速度，即能及时、自动地生成监管报告与解决方案；三是规范，即兼容多个监管数据结构并形成统一的合规标准；四是分析，即使用智慧化分析工具对大数据进行挖掘，释放其内在价值。在具体实际应用中内容广阔，包括大数据、区块链、人工智能、云计算、机器学习、加密算法等。监管科技工程应该积极鼓励金融科技监管应用，促进监管和被监管的业务联动与技术衔接。

2.3.3 核心步骤

第一步是针对管理型流程型业务开展业务流程和数据流程分析，并建立相应的图模型。基于发展结合组织的现行业务、长远发展目标，将各种业务的逻辑关系划分为若干职能区域，然后清晰各职能区域中所包含的全部业务过程，分层次描述相关业务活动，提取功能模块和用户分类，采用"职能区域—业务过程—业务活动"的层次结构关系描述现行业务系统，将主线业务按照监管模式、监管业务和监管时序维度进行梳理，从而能够统一同类业务活动的信息化过程，纾解监管信息系统"烟囱林立"的问题。

第二步是围绕监管业务关注点，针对数据型分析型业务提取监管主题与场景，清查业务活动所涉及的数据实体及其属性，结合传统分析工具与前沿的分析算法，基于算力情况建立分析方案，实现"监管场景—数据实体—分析方法"的分析路径，从而促进监管业务与技术的有机融合，同时为智慧型系统的建设奠定基础，提高业务的科技助力获得感。

第三步是综合分析两类不同业务对于数据的需求及其异同，进行数据的分布分析，确定主题数据库的内容和结构。充分考虑业务数据的发生和处理地点、权衡集中式数据存储和分布式数据存储的利弊，还要考虑数据的安全性、保密性，系统的运行效率和用户的特殊要求等，按照"数据分布—内容结构—存储方式"的梳理顺序摸清主要数据需求，研究能够支撑全流程信息畅通和全域综合智能分析的数据模型及大数据仓库建设策略，支持智慧监管各类科技系统的优化迭代，从而缓解系统间的"数据孤岛"问题，形成统一的数据支撑合力。

2.3.4 总体框架

监管科技工程方法体系架构设计既要"顶天"，又要"立地"，是对研究监管业务发展规律和工作规律的诸多研究方法进行抽象概括而形成的相互联系、相互制约的有机体系，它具有整体性、层次性和开放性等特征。采用"上下结合"的工作方法，就是将"自顶向下"和"自底向上"两个工作方式有机结合。"自顶向下"是指要准确把握监管对象的战略目标和战略意图，通过任务分解，逐级开展工作；而"自底向上"则是注重监管对象的实际现状和实际需求，从操作性、落地性上着手提出监管方案，目标规划和具体任务设计都要与战略目标达成一致。具体如图2.3.1所示。

监管科技工程方法框架是针对业务分析师构建的工作指南。业务分析师采用"总体分析（图2.3.1中A标识的内容来表示）—职能域分析（图2.3.1中B标识的内容来表示）—全域综合设计（图2.3.1中C标识的内容来表示）"的框架结构，搭建起监管业务人员与技术人员＆数据人员的实践之"桥"（由图2.3.1中头像所在位置分别表示）。这种"总—分—总"的结构体现了"上下结合"的工作方法，就是将"自顶向下"和"自底向上"两个工作方式有机结合。具体来看，一方面，工程方法框架采用在"环环相扣，一贯到底"的流程梳理基础上，以节点"输入-输出"标准化为抓手，探索监管业务与技术融合的搭建路径。其中，在图2.3.1中用"大写字母＋数字"分级表示流程中的环节，如A1开展总体调研；用"小写字母＋数字"表示环节的"输出"，同时也是下一环节的"输入"，如a1总体业务调研信息表，既是A1环节的"输出"，也是A2环节的"输入"。另一方面，业务分析师基于业务流程图、数据流图、业务模型、用户模型、功能模型、分析模型、数据模型等建模方法与标准规范进行研究和分析，形成管理型流程型和数据型分析型两大类业务的完整解析。

2.4 专业术语

1. 信息工程方法论

基于数据模型理论和数据实体分析方法之上，融合"数据稳定性原理"所提出的信息系统建设的方法论。

2. 机构信息化步骤

管理制度的建立与执行、业务信息化模型的建立、业务过程改进和信息化工程实施。

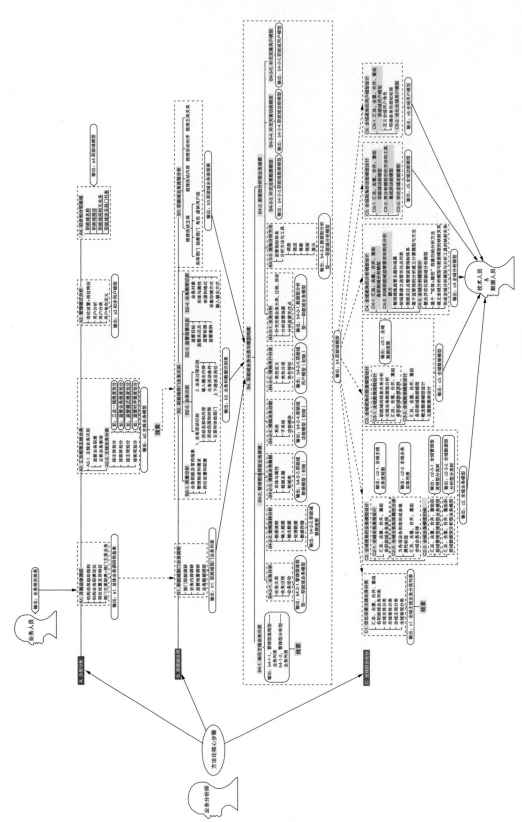

图 2.3.1 监管科技工程方法论框架图

3. 顶层设计

针对某一具体的设计对象，运用系统论的方法，自高端开始的总体构想和战略设计，注重规划设计与实际需求的紧密结合，强调设计对象定位上的准确、结构上的优化、功能上的协调、资源上的整合，是一种将复杂对象简单化、具体化、程序化的设计方法。

4. 信息资源规划

对信息资源的采集、处理、传输和利用的全面规划，是以信息工程方法论为技术基础，侧重于业务分析与优化、数据流分析，建立业务模型、功能模型、数据模型和用户模型。

5. 自顶向下

从顶层应用需求出发，通过分析用户希望解决的问题，归纳出用户需要从系统中获取哪些信息资源，从而推出信息体系结构。

6. 自底向上

从用户现有的信息资源出发，归纳出用户能获得的信息资源，再往上推出信息体系结构。

7. 上下结合

既考虑用户所能获得的信息资源，又考虑顶层应用需求。

8. 总体分析

从全局出发，站在信息化总体规划的高度，对机构业务的总体情况进行分析。

9. 职能域分析

监管科技工程体系中工作量最大的一项工作，根据总体分析中建立的职能域模型，针对每一个职能域进行详细的业务分析与系统建模。

10. 全域综合设计

在各职能域详细分析与局部建模的基础上，重新从整个机构的角度审视全局信息流，并从全局一体化的视角研究分析机构的业务、功能、数据、用户和权限的关系，建立或完善机构的各个全域模型。

11. 业务架构

从机构的整体出发，通过梳理业务，分析信息流，识别出业务中用户、功能和信息三要素的关系，建立组织模型、业务模型和业务流程图，描述业务的组成及相互关系。

12. 信息系统架构

用于规划和定义信息系统的逻辑体系，揭示业务的信息运作逻辑。建立在业务架构的基础上，通过对业务的可信息化进行可行性分析，将可信息化部分分离出来，然后抽象为用户模型、功能模型和数据模型。

13. 业务模型

业务模型是信息系统模型设计的基础和依据。业务模型一般采用"职能域—业务过程—业务活动"三层结构的表来描述，职能域由若干类别的业务组成，每一类业务都由若干个关联的业务过程组成，每一个业务过程又由围绕着某一业务的多个业务活动构成。

14. 管理型流程型业务

业务的组织管理是按照组织运行的客观实际和规律，在不同组织和管理体制的约束下，通过信息传播开展不同性质、不同流程的组织管理性智能工作。

15. 数据型分析型业务

数据型分析型业务是围绕各个业务领域的监管事项关注点，特别是对于共性监管事项进行综合分析，归纳、整合应用分析场景和相关数据分析需求，总结数据分析方法和工具，提炼监管指标体系。

16. 数据模型

数据模型是信息系统建设的重要基石，是在对机构业务之间的关联关系和信息交换进行分析的基础上，根据提炼的全域信息流和主要业务信息流，基于业务内在逻辑关系建立的，是对用户视角信息的抽象和重组。数据模型一般采用"主题数据库—数据主题—数据实体"三层结构的表来描述。每一个主题数据库都由若干个关联的子数据库（数据主题）组成，每一个子数据库又由围绕着某一主题的多类业务信息（数据实体）构成。

17. 功能模型

功能模型是信息系统建设的重要依据，用于描述信息系统的主要功能和组成，是通过对业务信息化的需求分析，在业务模型的基础上建立的。功能模型一般采用"系统—子系统—功能模块"三层结构的表来描述。每一个系统独立支撑完成一项管理业务，由若干个支持关联业务的子系统组成，每一个子系统又由围绕着支持某一管理业务的多个功能模块构成。

18. 分析模型

在围绕监管事项关注点开展对应监管场景分析的基础上，利用观测或实验的信息（或者数据），通过分析方法与工具萃取和提炼有价值的信息，归纳推断形成分析模型（亦称假说或理论），进而找出所研究对象的内在规律并构建新的功能组件加以应用。分析模型会指导进一步的探索，直至遇到这些模型无法解释的现象，这就导致对这些模型的更新和替代。

19. 用户模型

主要用于规划和定义信息系统的用户与权限架构，为信息系统角色设置和角色授权提供依据。在顶层设计中，通过对机构管理模式和管理层次的分析，从岗位设置出发，分析内外部关联，根据业务特征对用户信息进行抽象、分类，形成初步的用户模型。

第 3 章
监管业务总体分析方法

总体分析是从全局出发，站在信息化总体规划的高度，对机构业务的总体情况进行分析。通过总体分析，我们能够按照信息工程方法重新认识机构的业务，系统地、概括地把握机构的职能。

3.1 总体调研

总体调研是总体分析的第一步，调研的内容包括机构基本情况、机构事业发展规划以及机构的信息化发展规划。总体调研的目标是掌握机构的整体情况、把握业务发展方向，明确规划目标。

3.1.1 总体调研的原则

1. 自顶向下原则

从机构的组织架构、机构的职责出发，结合机构的业务现状、事业发展战略规划、信息化建设的发展规划，分析用户希望解决的问题，归纳用户需要从系统中获取哪些信息资源，从而推出机构的信息体系结构、信息系统建设的优先级。

2. 用户参与原则

1）高层管理人员参与

机构的高层管理人员是最了解机构的现状和战略发展规划的人。随着行业各机构对信息系统建设的重视，大都在机构内部设立了首席信息官（chief information officer，CIO）来领导和规划机构内部的信息化建设，CIO 也成为机构内部既了解业务战略，又掌握信息化建设规划的重要管理人员。

通过高层管理人员可以掌握机构的业务现状、中长期的业务发展战略规划，明确机构信息系统建设的现状、当前迫切需要解决的问题、信息系统规划与现有机构战略规划的契合程度等。

2）一般用户参与

机构一般用户作为信息系统最终的使用人员，最了解机构现有业务以及现有信息系统在流转和使用过程中的问题与痛点。通过对实际使用系统的用户进行调研，可以明确现有的业务流程和环节，进一步帮助完善信息系统架构的顶层设计，并在系统的实施过程中进行提前的设计规划，避免问题的再次出现，做到信息系统建设与业务流程的契合。

3. 整体性原则

总体调研从机构总体情况开始，调研机构的概况、组织架构、职能发展规划。从而整体了解机构的信息化建设要求。从整体入手，能够确保业务流程的覆盖程度完整，避免出现业务环节的遗漏；同时也能确保各职能部门的业务需要符合机构整体业务规划的需要，避免出现信息建设过程中的孤岛现象。

4. 战略协同原则

作为机构实现发展战略规划的基础要素，信息化建设战略一定要契合机构的总体发展规划。总体调研的过程中需要明确机构的战略规划，确保机构信息化的规划符合机构战略发展的要求，这样才能促进机构战略目标的实现。

5. 工程化原则

工程化方法是指有目的、有计划、有步骤地解决问题的方法。机构的信息化建设要遵循工程化的原则。总体调研作为机构信息化建设过程中重要的一环，要符合工程化原则。总体调研阶段，对机构整体情况信息的收集，可作为信息系统建设可行性分析的主要依据。

3.1.2 总体调研的方法

总体调研可以通过访谈法、问卷调查法等方式开展。在进行访谈和问卷调查之前，可通过机构的官网、内部文档和报告、外部资料等收集机构的基本信息，基本掌握机构的组织架构、职责等信息，可以形成对机构概况的基本了解，便于进一步组织问题，来通过访谈法或问卷调查法进一步了解机构的现状、未来业务发展的方向和信息化建设的中长期规划。

访谈法和问卷调查法通过设计一系列的问题，以及与相关人员的交流或问卷的收集，进一步了解机构的业务条线、业务涉及的岗位和人员、业务的优先级等。

问题的设计应当遵循 WWH 原则。

What：问题的提出要达到什么目的？

Where：什么地方、什么人可以提供问题的答案？

How：什么样的方式，能更准确地达到目标？

1. 访谈法

访谈法是最基本的一种获取信息的手段，进行访谈之前，需要准备好访谈的问题。访谈围绕想要获取的信息有针对地进行，需要访谈者有一定的沟通技巧。访谈问题的设计很难涵盖要达成的目标，需要访谈者在访谈过程中能够灵活地扩展。

访谈法是一种广泛灵活的信息收集方式，但也受被访谈者的时间、访谈信息量，以及访谈者沟通水平的限制。

2. 问卷调查法

问卷调查法通过制定详细周密的问卷，要求被调查者进行回答，从而完成信息的收集。问卷可采用纸质问卷或电子问卷。问卷调查是涉及范围较广的信息收集，且对问卷调查的时间和地点要求较为宽松，便于初步信息收集。

在完成问卷调查后，可根据问卷调查的结果，进一步细化未确认的问题，召开小范围的访谈，进一步明确问题。

3.1.3 总体调研的内容

总体调研主要从机构总体组织架构、机构业务职能定位、岗位设置及其特征、部门主要职责和业务四个方面进行。

1. 机构总体组织架构

通过机构总体组织架构可以了解机构的主要职能、机构设置、与外部的联系等。通过填写系列组织架构表可以收集确定机构组织的信息，方便开展机构业务职能定位的调研（具体格式详见本章表3.5.1、表3.5.2）。下面以证监会为例说明组织架构的分析过程。

通过调研证监会的相关信息，可以获得证监会的概况、组织架构及下辖单位信息，具体如下（资料来源于证监会官网）。

1）证监会概况

证监会是国务院直属机构，正部级，现设主席1名，副主席4名，驻证监会纪检监察组组长1名。机关内设19个职能部门，以及机关党委（机关纪委）。在各省、自治区、直辖市和计划单列市设立36个证券监管局（简称"证监局"），以及上海、深圳证券监管专员办事处。如图3.1.1所示。

2）下辖机构图（见图3.1.2）。

2. 机构业务职能定位

通过机构业务职能的定位，可以明确机构业务的现状、事业发展战略目标、中长期发展规划、信息化建设的中长期发展规划。仍以证监会为例，其职责和信息化建设发展规划如下。

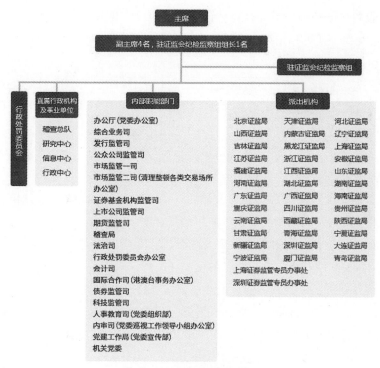

图 3.1.1　证监会内设机构图

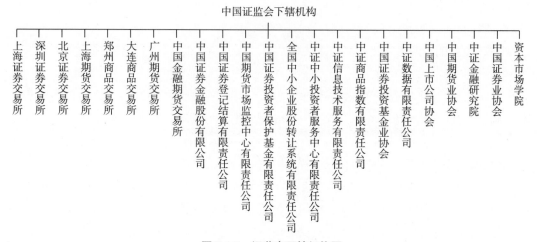

图 3.1.2　证监会下辖机构图

1）证监会职能（资料来源于证监会官网）

证监会负责贯彻落实党中央关于金融工作的方针政策和决策部署，把坚持和加强党中央对金融工作的集中统一领导落实到履行职责过程中。主要职责是：

（1）依法对证券业实行统一监督管理，强化资本市场监管职责。

（2）研究拟定证券期货基金市场的方针政策、发展规划。起草证券期货基金市场有关法律法规草案，提出制定和修改建议。制定证券期货基金市场有关监管规章、规则。

（3）监管股票、可转换债券、存托凭证和国务院确定由证监会负责的其他权益类证券的发行、上市、交易、托管和结算，监管证券、股权、私募及基础设施领域不动产投资信托等投资基金活动。

（4）监管公司（企业）债券、资产支持证券和国务院确定由证监会负责的其他固定收益类证券在交易所市场的发行、上市、挂牌、交易、托管和结算等工作，监管政府债券在交易所市场的上市交易活动，负责债券市场统一执法工作。

（5）监管上市公司、非上市公众公司、债券发行人及其按法律法规必须履行有关义务的股东、实际控制人、一致行动人等的证券市场行为。

（6）按分工监管境内期货合约和标准化期权合约的上市、交易、结算和交割，依法对证券期货基金经营机构开展的衍生品业务实施监督管理。

（7）监管证券期货交易所和国务院确定由证监会负责的其他全国性证券交易场所，按规定管理证券期货交易所和有关全国性证券交易场所的高级管理人员。

（8）监管证券期货基金经营机构、证券登记结算公司、期货结算机构、证券金融公司、证券期货投资咨询机构、证券资信评级机构、基金托管机构、基金服务机构，制定有关机构董事、监事、高级管理人员及从业人员任职、执业的管理办法并组织实施。

（9）监管境内企业到境外发行股票、存托凭证、可转换债券等证券及上市活动，监管在境外上市的公司到境外发行可转换债券和境内证券期货基金经营机构到境外设立分支机构。监管境外机构到境内设立证券期货基金机构及从事相关业务，境外企业到境内交易所市场发行证券上市，合格境外投资者的境内证券期货投资行为。

（10）监管证券期货基金市场信息传播活动，负责证券期货基金市场的统计与信息资源管理。

（11）与有关部门共同依法对会计师事务所、律师事务所以及从事资产评估、资信评级、财务顾问、信息技术系统服务等机构从事证券服务业务实施备案管理和持续监管。

（12）负责证券期货基金业的科技监管，建立科技监管体系，制定科技监管政策，构建监管大数据平台，开展科技应用和安全等风险监测、分析、评价、预警、检查、处置。

（13）依法对证券期货基金市场违法违规行为进行调查，采取相关措施或进行处罚。依法打击非法证券期货基金金融活动，组织风险监测分析，依法处置或协调推动处置证券期货基金市场风险。组织协调清理整顿各类交易场所，指导开展风险处置相关工作。

（14）按照建立以中央金融管理部门地方派出机构为主的地方金融监管体制要求，指导和监督与证券期货基金相关的地方金融监管工作，指导协调地方政府履行相关金融风险处置属地责任。

（15）开展证券期货基金业的对外交流和国际合作。

（16）完成党中央、国务院交办的其他任务。

2）科技监管总体规划（资料来源于《中国证监会监管科技总体建设方案》）

证监会监管科技建设遵循"科技引领、需求驱动；共建共享、多方协同；统筹规划、持续推进；提升能力、创新机制"的总体原则，立足于我国资本市场的实际情况，在加强电子化、网络化监管的基础上，通过大数据、云计算、人工智能等科技手段，为证监会提供全面、精准的数据和分析服务，着力实现三个目标。

一是完善各类基础设施及中央监管信息平台建设，实现业务流程的互联互通和数据的全面共享，形成对监管工作全面、全流程的支持。

二是积极应用大数据、云计算等科技手段进行实时数据采集、实时数据计算、实时数据分析，实现对市场运行状态的实时监测，强化市场风险的监测和异常交易行为的识别能力，及早发现、及时处置各类证券期货违法违规行为。

三是探索运用人工智能技术，包括机器学习、数据挖掘等手段为监管提供智能化应用和服务，优化事前审核、事中监测、事后稽查处罚等各类监管工作模式，提高主动发现问题能力和监管智能化水平，促进监管模式创新。

3）机构的事业发展规划

机构的事业发展规划包括事业发展战略目标、中长期发展规划等。科技监管的愿景明确为"数据让监管更加智慧"。

从监管信息化到信息化监管，其核心就是要从主要依托信息化手段实现业务流程再造和数据的汇总、存储、调用，充分利用新一代信息技术向智能化监管转型。数据的背后是技术，数据承载的是信息，这是监管的基础，必须以科技为抓手，更好地、更充分地运用数据和信息来使监管更加智慧、更加高效、更加精准（见图3.1.3）。

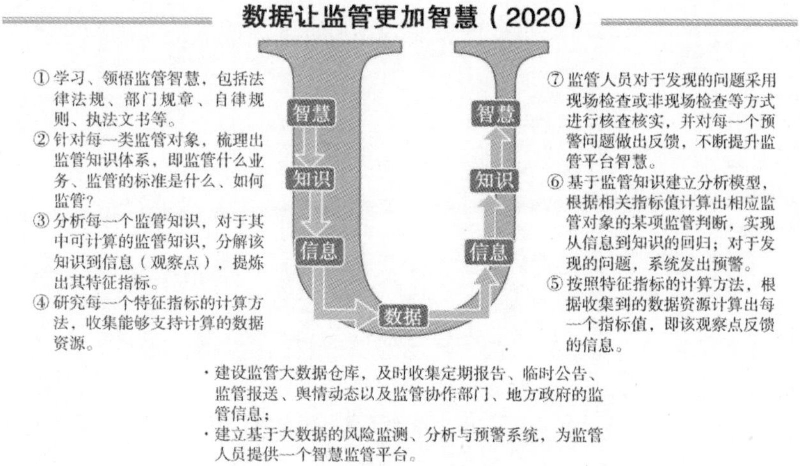

图 3.1.3　数据让监管更加智慧

4）机构的信息化发展规划

包括信息化建设中长期发展规划等（见图 3.1.4、图 3.1.5）。

结合机构的组织架构，通过对机构业务职能的调研和分析，可以得到机构业务职责定位信息（具体格式详见本章表 3.5.3）。机构内的业务条线与机构部门职责联系在一起，可从宏观角度了解机构的业务现状和规划。

图 3.1.4 中央监管信息平台总体规划

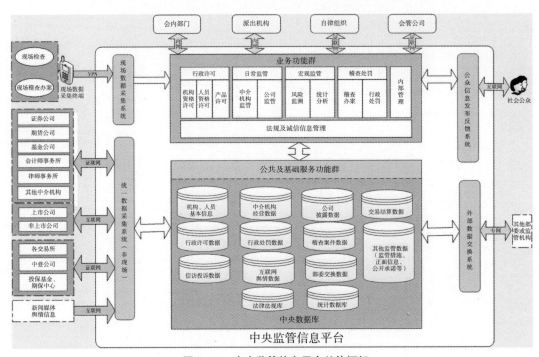

图 3.1.5 中央监管信息平台总体框架

3. 岗位设置及其特征

通过对机构总体组织架构和业务职能定位的调研,可以基本明确机构主要的业务条线信息。对机构岗位设置及其特征的调研,是明确岗位与机构业务条线关联的过程,能够更好地确认和划分业务条线的业务环节,确定岗位在业务环节中的职责和要求。对进一步完善和优化业务条线的处理流程或机构内部岗位的设置有至关重要的作用。

对岗位设置及其特征的调研主要关注：岗位名称、岗位分类、岗位职责、岗位所处的业务条线、岗位在业务条线的具体环节、机构业务规划对岗位的影响等。岗位设置及分类的信息，可以在对机构部门和处室的调研过程中获取（具体格式详见本章表3.5.4）。

通过收集到的机构业务现状及规划信息，结合岗位设置及其特征，可以形成业务与岗位职责的初步的调研表，可以对机构内部业务条线有个总体感观（具体格式详见本章表3.5.5）。

4. 部门主要职责和业务

通过对部门的业务职能的调研，明确部门的管理需求、服务需求、业务发展规划。

部门职责和业务的调研可通过问卷调查法进行（具体格式详见本章表3.5.6），调研表应包含如下内容：

（1）被调研对象信息。
（2）被调研部门的职责。
（3）被调研部门涉及的业务。
（4）被调研部门的岗位设置情况。
（5）被调研部门现有的信息系统情况及使用情况。

通过对部门职责和业务的调研，可以将收集到的信息整理为部门主要职责和业务的汇总表。

通过对机构的组织架构、业务职能定位、岗位设置及其特征、部门主要职责和业务的调研，可以梳理出机构的主要业务条线，并明确业务条线与岗位职责和部门的关联关系。

3.1.4　总体调研的交付物

通过对机构的总体调研，将能够对机构基本情况、机构事业发展规划以及机构的信息化发展规划有初步的了解，从而对机构的整体信息系统建设规划起到指导作用。

总体调研是个层层递进的过程，通过对机构总体组织架构和业务职能定位的调研，可基本确定机构的业务条线，通过岗位设置及其特征、部门主要职责和业务的调研，可以将机构的业务条线与岗位及部门关联起来，确定部门、岗位在业务活动中的职责和要求。

通过总体调研，就可以梳理出机构的业务条线，确认业务流程中的活动和环节，形成总体调研汇总表，作为机构信息系统建设及规划的基本资料。

总体调研表的内容包括但不限于如下内容：

（1）机构拥有的业务条线信息。
（2）各业务条线包含的业务活动信息。
（3）业务活动与具体岗位及部门的关联关系。
（4）业务活动的主办部门信息及关联部门信息。
（5）业务活动的上下端关系。

3.2 主线业务分析

汇总梳理总体业务是总体分析的第二步工作,具体工作包括主线业务识别和主线业务分类两部分(见图3.2.1),从而划分职能域,为后续开展职能域分析工作奠定基础。

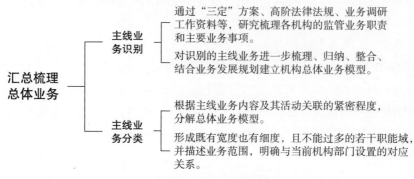

图 3.2.1　总体业务梳理

3.2.1 主线业务识别

主线业务识别的目标是建立业务模型框架,从而形成职能域的初步划分。

1. 主线业务识别的意义

主线业务识别是进一步分析主线业务之间信息关联性,从而将机构主线业务进行分类的基础工作,也是后续开展职能域分析工作的重要基础。

2. 主线业务识别的方法

第一步,识别监管业务职责。通过机构"三定"方案、高阶法律法规梳理等方法,确定机构的监管业务职责。

以证监会上市公司监管业务条线为例,根据机构"三定"方案,该条线主办部门上市公司监管司的业务职责如下:

拟定上海证券交易所、深圳证券交易所上市公司监管规则。承担监督和指导交易所对相关上市公司及有关主体的信息披露、公司治理等监管工作。承担并购重组注册工作。开展上海证券交易所、深圳证券交易所上市公司风险处置等工作。

第二步,识别主要业务事项。通过业务调研、工作资料(如工作规程、岗位培训教材等)梳理等方法,识别主要业务事项。

以证监会上市公司监管业务条线为例说明主要业务事项的识别过程。上市公司监管司(简称"上市司")《监管职责指引第1号——监管协调》规定了上市公司监管中"三点一线"的监管职责与分工、工作机制与具体事项的监管协调,例如:第六条 派出机构按照辖区监

管责任制要求,主要负责本辖区上市公司(以上市公司注册地为所属辖区判断标准)的现场监管工作,包括但不限于:

(1)对信息披露存在重大疑问、涉及重大风险或涉嫌违法违规的,进行现场检查或核查并及时处理。

(2)根据上市司的通报事项进行现场检查或核查,并将结果报送上市司。

(3)根据交易所的通报事项,视情况对上市公司及其他信息披露义务人的信息披露问题进行现场检查或核查,并将结果通报交易所。

(4)按照上市公司"双随机"现场检查工作要求抽取现场检查名单并进行现场检查,检查名单和检查结果及时报送上市司。

(5)对迁入本辖区的上市公司进行现场检查,并将检查结果及时报送上市司。

(6)上市公司重大资产重组涉及重组上市的,在草案披露后对拟购买资产及时启动现场检查。

除现场监管工作外,派出机构应根据监管需要做好其他监管工作,包括但不限于:

(1)对上市公司信息披露保持关注,视情况开展非现场监管,视情况选取部分上市公司年报进行审核,并对信息披露违法违规行为依法依规及时处理。

(2)上市公司信息披露行为涉嫌违反交易所业务规则的,及时通报交易所。

(3)日常监管中发现立案线索的,按照稽查取证程序固定证据,为立案稽查做好基础工作。

(4)建立上市公司档案库,将上市公司档案整理成卷、分类保管,并加强电子档案建设。

因此,现场检查、信息披露监管均为上市公司监管中派出机构的主要业务事项。对上述信息进行全面提取和汇总后,可以得到证监会在上市公司监管业务条线中的主线业务,见表3.2.1。

表3.2.1 证监会上市公司监管业务条线主线业务识别

序号	监管业务职责	主要业务事项
1	拟定监管上市公司的规则、实施细则	拟定监管上市公司的规则、实施细则
2	监管境内上市公司并购重组活动	1)证监会: (1)审核主板公司重大资产置换、发行股份购买资产、合并、分立的并购重组申请。 (2)对交易所审核交易出具注册、不予注册的决定。 (3)指导证监局、交易所开展检查和风险处置。 2)证券交易所: (1)交易所并购重组委员会审核科创板、创业板上市公司发行股份购买资产、合并分立或者重组上市的并购重组申请。

续表

序号	监管业务职责	主要业务事项
2	监管境内上市公司并购重组活动	（2）对上市公司收购、重大现金购买、重大资产出售并购重组申请进行审核问询，出具审核意见。 （3）对上市公司披露的并购重组相关信息进行事后审核，持续督促公司披露进展情况。根据监管记录，对重大问题及时出具持续监管意见。 （4）按照证监会《并购重组审核分道制度实施方案》对上市公司进行分类评价，并将评价结果和持续监管意见表录入监管系统，通报派出机构，抄报上市司。 （5）对投资者二级市场股票交易行为进行监管，督促投资者按规定及时履行报告及披露义务。 3）派出机构： （1）对上市公司并购重组实施情况进行持续监管。根据监管记录，对重大问题及时出具持续监管意见。 （2）对上市公司并购重组监管中的重大问题开展现场检查或核查；根据上市司的书面要求进行核查；发现违法违规行为的，依法及时处理，并通报证券交易所，抄报上市司。 （3）根据持续动态监管记录和监管档案，对上市公司进行分类评价，通报证券交易所，抄报上市司
3	监督和指导交易所、派出机构监管上市公司的信息披露工作	1）证监会：负责监督和指导交易所、派出机构监管上市公司的信息披露工作。 2）证券交易所： （1）对上市公司定期报告、临时报告的信息披露是否合规进行审查；按照上市司要求进行年报审核。根据监管需要，将审核情况按辖区通报派出机构，抄报上市司。 （2）对上市公司股价异动进行监控、核查，发现股价异动涉及信息披露问题的，根据监管需要，可通报派出机构进行现场监管。 （3）发现涉嫌信息披露违法违规行为的，及时通报派出机构，抄报上市司。 （4）处理派出机构的通报事项，并将处理意见函复派出机构，抄报上市司。 3）派出机构： （1）现场检查或核查。根据证监会和证券交易所的通报事项，视情况对上市公司、控股股东、实际控制人或其他信息披露义务人涉及的信息披露问题进行现场检查或核查；按照《上市公司现场检查办法》，结合上市司统一部署或证监局检查计划，对上市公司开展例行检查或有针对性的现场检查。 （2）非现场监管及公司年报审核。对辖区上市公司信息披露保持关注，视情况开展非现场监管；视情况选取部分公司年报进行审核。对信息披露真实性存在重大疑问、涉及重大风险或涉嫌违法违规的，应当进行现场检查或核查，并及时处理

续表

序号	监管业务职责	主要业务事项
4	监督上市公司及其董事、监事、高级管理人员、主要股东履行证券法规规定的义务	1）证监会：监督和指导交易所、派出机构开展上市公司的公司治理监管工作。 2）证券交易所： （1）负责上市公司二级市场股票交易核查工作。在上市公司实施并购重组过程中，对相关二级市场股票交易开展核查工作，后续进行持续监控。上市公司发布可能对股价产生重大影响的定期报告、临时报告并涉嫌内幕信息泄露时，要求公司报备内幕信息知情人名单，并核查内幕信息知情人及相关方股票交易情况。根据监管需要，通报派出机构提请其对内幕信息知情人名单的真实性、准确性、完整性进行核查；对于派出机构的提请协助事项，必要时协助提供上市公司敏感期交易股东名单及相关交易信息。 （2）负责对上市公司下列事项进行信息披露监管：上市公司及相关方承诺事项，上市公司募集资金存储、使用、变更、管理等情况，上市公司现金分红，上市公司股权激励计划及实施情况。 3）派出机构： （1）推动辖区建立健全内幕交易防控机制。结合日常监管情况及证券交易所的通报事项，对上市公司内幕信息知情人登记制度的制定和执行情况进行现场检查；现场检查、核查中发现上市公司未按规定建立、执行内幕信息知情人登记制度，或内幕信息知情人登记存在虚假记载或重大遗漏的，依法采取相应的监管措施；建立健全内幕交易防控机制，持续做好辖区上市公司及其控股股东、实际控制人的内幕交易防控工作，组织开展内幕交易防控培训。 （2）督促上市公司及相关方及时履行承诺，对超期未履行承诺、不规范承诺，督促其履行相应的程序及披露义务。 （3）对上市公司募集资金信息披露情况进行现场监管，对上市公司现金分红规划、制度建设、执行、信息披露情况进行现场监管。 （4）处理收到的或证券交易所转交的与上市公司公司治理、规范运作等相关的投诉、举报；处理事项，视情况开展现场检查或核查，并及时向证券交易所通报处理结果，抄报上市司。 （5）发现违法违规行为的，依法及时处理，通报证券交易所，抄报上市司
5	牵头负责上市公司出现重大问题及风险处置的相关工作等	1）证监会：监督和指导交易所、派出机构开展上市公司风险监测与处置工作。 2）证券交易所： （1）对主要媒体涉及上市公司的相关报道、市场传闻等实施监控，及时收集上市公司涉嫌信息披露、规范运作、二级市场等方面的违法违规信息。对存在退市可能的上市公司的筛查和预警工作，并将预警信息定期通报派出机构，抄报上市司。 （2）督促上市公司及时发布风险提示公告、回应投资者关心的问题。就存在终止上市可能的上市公司向派出机构抄送对外解释口径和股东地区分布图，配合开展舆论引导工作。

续表

序号	监管业务职责	主要业务事项
5	牵头负责上市公司出现重大问题及风险处置的相关工作等	(3) 开展二级市场监测工作，做好交易情况、股东结构等数据的统计、研判、通报工作，通过交易监控措施，防止市场过度投机炒作。根据实际情况，采取电话问询、书面函询、约见谈话、要求中介机构核查、核查二级市场交易情况等措施，核实有关风险事项。 3) 派出机构： (1) 根据信访投诉、媒体质疑线索、证券交易所的通报情况，对上市公司重大风险及可能存在的违法违规行为进行现场检查或核查；对上市公司重大风险保持关注；出现紧急情况，可直接对重大风险进行处理。 (2) 对现场检查、核查中发现违法违规行为的，依法及时处理。 (3) 协助地方政府开展维稳工作，定期向证券交易所、上市司通报动态

第三步，建立机构的总体业务模型。对识别的主线业务进一步梳理、归纳、整合，结合业务发展规划建立机构总体业务模型。

例如，根据《国务院关于进一步提高上市公司质量的意见》，为推动资本市场健康发展，加快完善新时代社会主义市场经济体制，保护投资者合法权益，需要进一步提高上市公司质量，包括提高上市公司治理水平、推动上市公司做优做强、健全上市公司退出机制、解决上市公司突出问题等。因此，可以将证监会上市公司监管主线业务层级关系初步归纳，如图 3.2.2 所示。

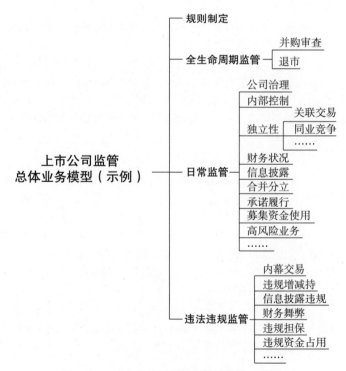

图 3.2.2　以上市公司监管主线业务梳理为例

确定主线业务逻辑层级关系后,进一步补充明确每项业务的业务活动和业务过程,建立完整的总体业务模型,作为后续功能模型、用户模型以及数据流分析的重要基础(见表 3.2.2)。

表 3.2.2　机构总体业务模型示例表

业务条线	业务分类（一级）	业务分类（二级）	业务过程	业务活动
上市公司监管	全生命周期监管	并购重组	注册并购重组	根据《科创板上市公司持续监管办法（试行）》和《创业板上市公司持续监管办法（试行）》,交易所对两创上市公司并购重组进行审核,涉及发行股票的报证监会注册,证监会作出予以注册或者不予注册的决定
			中止/恢复并购重组申请	上市司对上市公司中止/恢复审查的申请进行审批,决定是否可以中止/恢复上市公司并购重组核准流程
			终止并购重组申请	上市司对上市公司终止审查的申请进行审批,决定是否可以终止上市公司并购重组核准流程
			并购重组持续监管	在上市公司进行重大资产重组业务的过程中,派出机构和交易所持续对其进行监督管理。上市司、派出机构、证券交易所在并购重组监管过程中进行协同监管
		退市	实施上市公司"退市风险警示"	上市公司触及财务类、规范类、重大违法类强制退市情形的,交易所对其股票实施退市风险警示
			撤销上市公司"退市风险警示"	上市公司财务、规范情况改善后,向交易所申请撤销退市风险警示,交易所作出决定是否撤销;或者违法事件未触及退市标准而撤销退市风险警示
	日常监管	信息披露监管	制定年报监管工作方案	制定上市公司年报监管工作方案,提出年报监管重点关注的领域和风险点,并部署局所的任务分工
			定期报告审查	证监会依法对信息披露文件及公告的情况,对信息披露义务人的信息披露行为进行监督管理。在上市公司监管"三点一线"架构下,会部门、派出机构和交易所均对上市公司及其他信息披露义务人的信息披露行为进行监督,督促其依法及时、准确地披露信息,接收信息披露义务人报送的信息披露公告文稿和相关备查文件,对上市公司发布的年度报告、半年报、季度报告中披露的内容进行审阅,如发现违法违规线索,视情况采取监管措施

续表

业务条线	业务分类（一级）	业务分类（二级）	业务过程	业务活动
上市公司监管	日常监管	信息披露监管	临时报告审查	证监会依法对信息披露文件及公告的情况，对信息披露义务人的信息披露行为进行监督管理。证券交易所应当对上市公司及其他信息披露义务人的信息披露行为进行监督，督促其依法及时、准确地披露信息。信息披露义务人应当将信息披露公告文稿和相关备查文件报送上市公司注册地证监局
		公司治理监管	监管同业竞争和关联交易	根据上市公司公告的同业竞争、关联交易内容，识别上市公司出现的同业竞争及关联方等的关联交易，并在日常监管工作中明确相应的规定和要求，并将压力传导至派出机构，从而实现对其的有效监管
		内部控制	监管上市公司内部控制	上市司、证监局、交易所对上市公司董事会、监事会、内部审计部门、独立董事、高级管理人员等制定、执行、监督、评估公司内部控制制度、披露内部控制评价报告的行为进行监督管理

3.2.2 主线业务分类

主线业务分类的目标是充分理解机构核心业务本质，抓住机构主要的业务环节，把握主线，降低分析难度，后续在系统建设时，可依据分类进行横向、纵向的全面比较分析，便于建立清晰的分析模型。

1. 分类的意义

主线业务分类的关键词是"主线"和"分类"，本质是针对主线业务的一个多维度分类，从而形成一个全面的分类体系。为什么要从多维度划分？监管是个非常复杂的业务概念，单一视角的描述有局限性，需要通过不同视角来分别描述这个业务概念，而多维度的分类是一个指引，能抓住业务的重点，对业务的理解会更准确，提高决策的准确性，这样清晰的分类体系，也方便了后续管理。例如，债券的分类，可以按发行主体分为政府债券、金融债券和公司债券；按是否可转换又可分为转换债券和不可转换债券。如果仅仅按照发行主体就不能清晰地看到其转换属性。所以往往都是通过建立一套分类体系，用不同视角全面认识这个业务。

2. 分类的方法

基于前章已经识别的主线业务，可通过以下几个步骤进行分类。

第一步，确定业务分类视角，可以用经典的 3W1H 分析法来进行分类，When（什么时候监管？）、Who（谁来监管？）、What（有哪些监管业务？）、How（如何监管？）

可以根据被监管对象的时序分为事前、事中、事后监管。可以根据监管主体的"三点一线"分为证监会部门、派出机构和会管单位。可以根据监管业务维度分为市场监管、产品监管、主体监管、服务监管和行为监管。可以根据监管模式分为宏观审慎、微观审慎和功能监管。

第二步，确定每个分类的定义和监管的范围。

以证监会时序维度为例。

从监管业务时序视角分为事前监管、事中监管和事后监管三类。其中，事前监管是指事前相关资质的审核与审批，在被监管对象进行某个行为之前，证券监管机构采取必要手段进行监督管理，防止损害发生。事中监管是指被监管对象在进行某个行为的过程中，对其行为的正确性和规范性实施的监督管理。事后监管是指被监管对象的某个行为发生后，对其行为的正确性和有效性实施监督管理。

从管理模式视角分为"三点一线"监管业务体系划分。会机关包括证监会各职能部门、稽查总队和各中心，主要业务活动有核心规则制定、行业发展规划、行政许可决定、登记备案、证券发行核准、日常持续监管、稽查处罚、安全检查、信息技术监管等。派出机构是为证监会在各省、自治区、直辖市和计划单列市设立的证监局，以及上海、深圳证券监管专员办事处，主要业务活动是根据证监会的授权开展行政许可相关工作，负责对辖区内上市公司、证券期货基金经营机构、中介服务机构进行监督管理，负责辖区内风险防范与处置，查处辖区内的违法违规案件，开展辖区内投资者教育与保护工作等。会管单位作为会机关与派出机构在监管体系的有效补充，对其会员（或参与人、上市公司、挂牌公司）及证券期货交易活动进行自律监管，主要的业务活动有规则制定和行业发展规划的参议和意见征询、部分行政许可的受理和审议、日常检查、程度较轻的自律监管措施、风险监控、稽查处罚等。

从监管业务视角分为市场监管、主体监管、产品监管、服务监管和行为监管五类。其中，市场监管是对各类市场的风险监管，主要是指在全市场范围内评估宏观因素变化的综合监管，往往会根据宏观经济指标和趋势、重大经济政策动向、重大市场行动、行业周期性、市场竞争、价格、政策环境和个股的基本面变化，进行综合的监测、分析，并提出应对策略，防止发生系统性风险。主体监管是针对参与证券市场的各类法律主体，包括证券发行人、投资者、中介服务机构、从业人员等，主要通过市场准入、信用维持和日常检查等手段，以确保这些参与主体合规。产品监管即对股票、基金、债券、期货与衍生品等各种体现市场功能的金融工具，依据相关法规制度进行监督管理。服务监管是对证券期货服务机构的备案管理及其证券期货业务活动进行监管。行为监管是指运用法律、经济以及必要行政手段，对证券的募集、发行、上市、交易、退市等金融活动中的主体行为进行监督管理。

从监管模式视角分为宏观审慎监管、微观审慎监管和功能监管三类。其中，宏观审慎监管的目标是防范系统性风险，维护市场整体稳定，侧重在对金融机构整体行为以及金融机构之间相互影响力的监管，关注具有系统重要性金融机构的行为，金融市场整体趋势及其与宏观经济的相互影响。微观审慎监管是针对个体金融机构、上市公司及单个标的进行的监管，侧重对机构的个体行为和风险偏好的监管，关注具体金融机构的合规与风险暴露情况，避免使投资者遭受不应有的损失等事件。功能监管是指按照经营业务的性质来划分监管对象的金融监管模式，可理解为在混业经营环境中，对不同类型金融机构开展的相同或类似业务进行标准统一或相对统一的监管，如图 3.2.3 所示。

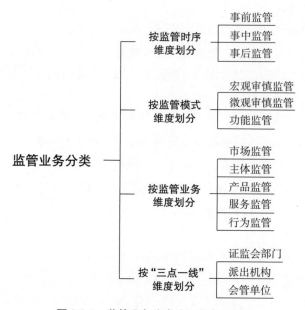

图 3.2.3　监管业务分类（证监会示例）

第三步，有了明确的定义之后，按不同视角分析主要业务活动，确定紧密程度，进行归纳，通过思维导图确定内在的分层逻辑关系。

以证监会监管时序视角为例，形成监管业务分布思维导图，如图 3.2.4 所示。采用同样的方法，对其他维度的分类进行进一步细分和归类，直到完成所有分类角度梳理。

第四步，分析主要业务之间的外在关系，逐项业务分析后形成一张完整的监管业务分类表（见表 3.2.3）。同一个业务，可能归属于多个分类中。这些多个角度的分类指引我们找到在业务分析、业务流程分析、数据分析等过程中的关注点。

第 3 章 监管业务总体分析方法

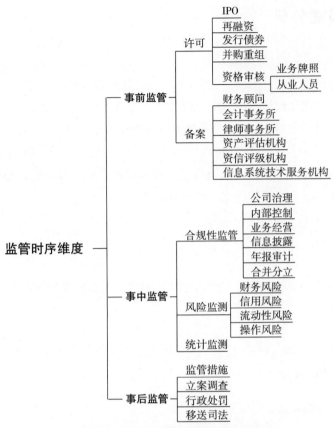

图 3.2.4 监管时序视角分类（证监会示例）

表 3.2.3 上市公司监管业务分类

监管业务事项		三点一线			监管时序			监管模式			监管业务视角			
职责	细分监管业务	会机关	证监局	会管单位	事前监管	事中监管	事后监管	宏观审慎	微观审慎	功能监管	市场监管	主体监管	产品监管	服务监管	行为监管
股票发行人监管	规则制定： （上市司）拟定监管上市公司的规则、实施细则； （非公司）拟定股份有限公司公开发行不上市股票的规则、实施细则；拟定公开发行不上市股份有限公司的信息披露规则、实施细则； （发行司）拟定在境内发行股票并上市的规则、实施细则，以及发行可转换公司债券的规则、实施细则	√			√				√	√		√	√	√	√

3.3 管理模式分析

在总体分析中,要进行管理模式分析,对机构的组织结构进行进一步的分析,分析机构的管理模式、机构中各部门的岗位设置,并根据岗位业务特征,对机构涉及的人员进行分类,定义用户角色,建立机构初步的用户模型。在进行管理模式分析时,尽可能将机构中涉及的岗位、人员、角色分析完整,特别是机构中全局通用的角色。初步用户模型中定义的角色是后续职能域分析工作中活动主体的重要来源,各个职能域分析要引用,还可以依据业务需要在初步的用户模型基础上对角色进行更加细粒度的细化。管理模式分析包括用户分析、用户分类、用户角色定义三部分内容,然后输出初步用户模型。

3.3.1 用户分析

用户分析从机构的组织结构、机构所服务的对象和机构相关的外部用户三方面进行。

1. 机构组织结构分析

基于整体调研中机构的组织结构,梳理机构岗位的设置情况和岗位的层级关系,汇总形成机构内部管理用户列表。

2. 机构服务对象分析

分析机构服务的各类对象,梳理、汇总形成机构内部服务用户列表。

3. 机构相关的外部用户

分析机构与外部业务的关联关系,梳理、汇总形成机构外部用户列表。

3.3.2 用户分类

用户分类是指基于用户分析产生的机构内部管理用户列表、机构内部服务用户列表和机构外部用户列表,从不同维度对用户进行分类,这些维度包括基本属性维度、机构岗位维度以及年龄、性别等其他所需业务维度。用户分类可以从多个维度进行,不同的分类方式会产生不同的用户角色。

1. 基本属性维度

对机构内部及与外部联系所涵盖和涉及的用户按照其基本属性进行分类。

2. 机构岗位维度

从现行岗位设置入手,按照机构岗位属性进行分类。

3. 其他维度

从业务需求角度划分，例如年龄、性别等。

3.3.3 用户角色定义

用户角色定义是指在用户分类的基础上，依据需要将不同维度的用户分类定义为不同的用户角色，明确机构所涵盖的用户角色，构建初步的用户模型。从大类上划分，用户角色可以分为固有角色、职务角色和功能角色。

1. 固有角色

将根据基本属性维度划分的角色定义为固有角色，也就是说，用户一旦拥有了这类角色，除非其个人的身份发生变化，其固有角色不会因为承担不同的岗位而发生变化。这类角色全局统一界定，并要求全局统一引用。

2. 职务角色

将根据部门机构岗位维度划分的角色定义为职务角色，用户拥有的职务角色会根据用户所在的岗位发生变化。这类角色原则上不由全局统一界定，但是在其业务领域内要统一，职务级别建议最多分为四级。

3. 功能角色

将根据其他维度划分的角色定义为功能角色，用户拥有的功能角色会由于业务需求的变化而发生变化。这类角色不由全局统一界定。

以证监会机构分析为例，基于整体调研中的组织机构设置，对证监会的行政管理机构进行了分析。在此基础上梳理监管人员、监管对象和技术用户三类。

第一类监管人员包括会领导、会内部门、派出机构和会管单位人员。作为证券期货行业的主要监管者，证监会及其派出机构承担着市场监管和保障稳定运行的基本职责，也是应用系统最重要的使用者。证监会人员包括会领导、领导秘书、会内各业务部门等；派出机构人员包括北京、上海等36个证监局及上专办、深专办。会管单位人员包括交易所、行业协会、会管专业公司等自律机构。行业自律机构是市场运行的组织者，也承担着自律监管的职能，因此是应用系统重要的数据提供者，也是市场监管协作的主要参与者。

第二类监管对象包括中介服务机构、市场主体和社会公众用户。中介服务机构主要包括证券公司、期货公司、基金公司等经营机构，以及律师事务所、会计师事务所、信息技术服务商等服务机构；市场主体主要包括上市公司、挂牌公司、债券发行人、机构投资者和个人投资者；社会公众用户主要包括关心支持证监会业务与工作的个人或法人。监管对象的行为受到监管机构和自律组织的监管，也是应用系统的主要监管交互者和监管数据提供者。

第三类技术用户包括科技管理人员、运维管理人员和分析师。科技管理人员包括资源调度管理人员、监管数据管理人员、建设项目管理人员、科技标准化管理人员等；运维管理人员包括基础设施人员、数据运维人员、资源运维人员、终端运维人员、应用运维人员和安全运维人员等。

基于以上用户模型，应用系统需建立完善统一的组织架构与用户体系，各系统业务管理单位设置自身的权限、角色和资源信息。

应用系统涉及互联网、证联网和内网三个网络，组织架构与用户体系在不同网络规划会有所不同。互联网的主要用户是社会公众和市场机构（主体），并且账号已经与国家政务服务平台进行了对接，因此，将在互联网建立一套独立的用户权限体系。证联网和内网的主要用户均为系统内监管人员，因此，需要对组织架构和人员进行统一管理和维护。

3.3.4 岗位设置和特征

岗位是指组织中为完成某项任务而设立的工作职位，系统用户在不同的类别下均可用整体岗位职级体系进行管理和统筹（如图 3.3.1 所示），便于进行统一角色管理和权限分配。同时职级体系也在实践中被不断优化和更新。

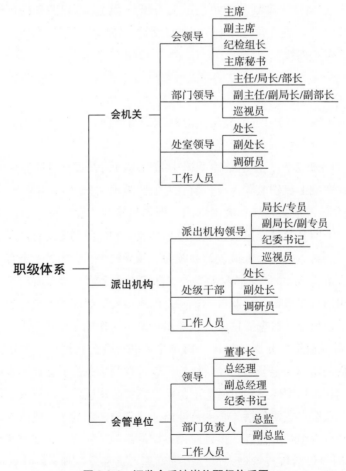

图 3.3.1 证监会系统岗位职级体系图

用户是监管人员的（如在会机关、派出机构和会管单位），主要使用部署在内网的综合办公平台，包括综合办公、事后监管和内部管理，如稽查案管系统、人事管理系统等；用户是监管人员或行业经营机构、其他相关机构的，主要使用在证联网或互联网的"互联网＋监管"平台，包括驾驶舱、监管系统和公共信息支撑服务等，如上市监管系统、公众公司监管系统等；其他用户涵盖包括普通公众以内的所有可能用户类别，即包含全部用户类别，主要使用在互联网的一体化政务服务平台包括官网、网上办事服务平台和数据服务系统。

根据以上管理模式分析，形成以下初步用户模型。用户分类可以从多个维度进行，不同的分类方式会产生不同的用户角色。总体分析中可以定义出一个机构的固有角色和粗粒度的职务角色，细粒度的职务角色和其他功能角色需在职能域分析中进一步细化。总体分析中分析出的固有角色和职务角色是后续职能域业务过程分析中业务活动主体的重要来源，各职能分析都需要引用。

3.4 职能域初步划分

职能域初步划分是职能域分析的基础，对总体业务模型进行归类，该步骤以总体调研、主线业务分析和管理模式分析的结果（总体业务调研信息表、主线业务模型和初步用户模型）为输入，以职能域模型（职能域划分列表）为输出，厘清职能域名称和内涵及其涉及部门。根据主线业务内容及其主线业务活动关联的紧密程度将一个机构的业务划分为若干职能域，并描述各职能域的业务范围、明确与当前机构部门设置的对应关系，最后形成职能域划分列表。

3.4.1 职能域名称和描述的确定

职能域的确定需要业务领域相关的背景知识，基于对监管体系主线监管业务进行分类，通过分析业务条线、梳理职能域业务内容，对主线业务进行关联、归纳、整合，划分出粗粒度的职能域。一般来说，职能域不宜过多，既要有宽度（覆盖的业务范围）还要有细度（能够将所划定的域内的业务过程和业务活动拆分到最小），以便于后续职能域分析工作的有序开展。

3.4.2 职能域间相互关系

无论采取怎样的方式将主线业务划分出不同的职能领域，各个职能域之间都会存在一定的关联关系，并且职能域的划分会随着机构当前业务的侧重点和关联关系发生变化（核心业务一般不会发生本质的变化）。因此，可以将职能域划分作为后续职能域分析工作组织的依据,职能域分析工作将基于职能域所覆盖的业务范围和涉及的部门开展职能域内部的业务流程分析和数据流程分析,从而建立职能域业务模型。

3.4.3 职能域划分列表

基于总体调研和主线业务分析,可以形成不同的职能域,可根据不同职能域对应的业务内容总结相关的职能域名称,并给出相应的描述,最后根据职能域涉及的业务来筛选出对应的部门,从而形成职能域划分列表。

以证监会为例,会内主要的业务可以划分为如表 3.4.1 所示的九个业务领域。

表 3.4.1 证监会职能域分类示例

序号	职能域名	职能域描述
1	政策法规	包括制定有关证券期货市场监督管理的政策、法律法规和规则
2	公司监管	包括对上市公司、挂牌公司在资本市场融资的全生命周期进行监管,对上市公司、挂牌公司的信息披露进行监管,并对上市公司、挂牌公司的证券违法行为进行查处
3	机构监管	包括对证券公司、基金公司、期货公司、私募机构等机构及其业务活动的监管
4	市场监管	包括对证券市场、债券市场、期货市场、场外市场及各类证券期货交易场所、登记结算机构等进行监管和风险处置
5	服务监管	包括对证券期货服务机构的备案管理及其证券期货业务活动进行监管
6	行为监管	包括对证券期货违法行为进行监管和处置
7	稽查处罚	包括对各类证券期货违法违规案件的稽查与处罚
8	专项工作	包括对投资者保护工作的开展、清理整顿各类交易场所、反洗钱等
9	内部管理	包括党建、行政、组织人事、财务、纪检监督等证监会内部管理服务工作

3.5 本章规范

3.5.1 专业术语

1. 整体调研

对机构整体业务进行调研,了解机构现状,对机构业务进行全面梳理,明确覆盖业务范围,并结合发展规划建立机构的总体业务模型。

2. 主线业务分析

调研各部门的职责和主要业务,确定机构主线业务,进一步分析主要业务之间的信息关联性，将机构业务进行分类，从而划分职能域。

3. 主线业务识别

主线业务识别指识别机构当前业务状况，结合长远业务发展目标，将各种主线业务按逻辑关系划分为若干层级，明确各层级中所包含的全部业务的过程。

4. 主线业务分类

主线业务分类指对机构关键的业务类型、业务的事务差异梳理业务的主体、业务的对象、业务的时间等要素，并根据要素进行不同维度的聚类分析，形成对应的分类体系，便于后续对不同维度的剖面分析。

5. 管理模式分析

分析机构的管理模式，根据机构岗位设置和岗位业务特征，从多个维度对机构涉及的人员进行分类，定义用户角色，建立初步的用户模型。

3.5.2 格式标准

1. 机构总体组织架构

通过填写系列组织架构表进行调研。格式参照表3.5.1、表3.5.2。

表 3.5.1 机构总体组织架构

序号	管理层/一级部门	处室数量	人员数量	备注

表 3.5.2 机构一级部门组织架构

序号	一级部门	处室名称	处室人员数量	备注

2. 机构业务职能定位

通过填写机构业务职责定位表进行调研。格式参照表3.5.3。

表 3.5.3 机构业务职责定位

序号	管理层/一级部门	部门职责	业务关联部门	备注

3. 岗位设置及其特征

通过填写岗位设置及分类表进行调研。格式参照表 3.5.4。

表 3.5.4　岗位设置及分类　　　　　　　　　处室名称：XX 处室

序号	岗位名称	岗位分类	分类职责	备注

通过填写岗位与业务条线关联关系表进行调研。格式参照表 3.5.5。

表 3.5.5　岗位与业务条线关联关系表

业务条线	业务活动	涉及岗位	前端业务活动	后端业务活动
业务条线 1	业务活动 1			
	……			
业务条线 2	……			

部门调研表设计格式参照表 3.5.6。

表 3.5.6　部门职责和业务调研表

调研部门		调研时间	
地点			
部门人员			
部门负责人		记录人	

注：部门的职责、人员岗位设置情况。
部门涉及的业务详情（包括以部门为主的业务流程或业务环节涉及本部门的业务）。
业务过程名称、描述（工作内容、范围边界）。
业务活动的名称、描述、岗位、职责、业务活动的上下端。
业务活动与其他部门的关联关系，在业务活动中的关联关系。
现有信息系统的使用情况。
已有信息系统的基本情况（包括开发商、系统版本、开始运行时间等）。
已有信息系统的运行情况，与部门现有业务的关系。

通过对部门职责和业务的调研，将收集到的信息整理成部门主要职责和业务的汇总表。格式参照表 3.5.7。

表 3.5.7　部门主要职责和业务　　　　　　　　部门名称：XX 处室

序号	处室名称	处室职责	主要业务	业务关联部门	备注
1					

4. 总体调研的交付物

形成总体调研汇总表,作为机构信息系统建设及规划的基本资料。格式参照表3.5.8。

表 3.5.8 总体调研汇总表

业务条线	业务活动	涉及岗位	主办部门	关联部门	前端业务活动	后端业务活动
业务条线 1	业务活动 1					
	业务活动 2					
	业务活动 3					
业务条线 2	……					
	……					

汇总梳理总体业务的具体工作包括主线业务识别和主线业务分类两部分。格式如表3.5.9~表3.5.11所示。

表 3.5.9 业务条线主线业务识别

序号	业务职责	主要业务事项

表 3.5.10 机构总体业务模型示例表

编号	业务条线	业务分类（一级）	业务分类（二级）	业务过程	业务活动

表 3.5.11 上市公司监管业务分类

监管业务事项		三点一线			监管时序			监管模式			监管业务视角			
		会机关	证监局	会管单位	事前监管	事中监管	事后监管	宏观审慎	微观审慎	功能监管	市场监管	主体监管	产品监管	服务监管	行为监管
职责	细分监管业务														

形成职能域划分列表,表格格式如表3.5.12所示。

表 3.5.12 职能域划分表

职能域名	职能域描述	涉及部门

形成初步用户模型。表格格式如表 3.5.13 所示。

表 3.5.13 用户分类梳理表

序号	类别	部门	角色	用户

第4章
监管业务职能域分析方法

职能域分析是监管科技工程体系中工作量最大的工作,它根据总体分析中建立的职能域模型,针对每一个职能域进行详细的业务分析与系统建模。

职能域分析首先要梳理职能域内各部门之间的业务关系。在此基础上,以信息流分析为手段,梳理职能域内部的业务流程,对职能域的职责说明进行归类和分析,归纳出职能域的业务大类,分析清楚业务大类相互之间的逻辑关系。按照业务内在逻辑,对职能域内的业务大类进行分解,用"业务大类—业务过程—业务活动"的三层结构来表述完整的业务功能结构,形成职能域业务模型。

进一步地,对业务活动的参与人员、活动内容和活动时序进行分析,确定这些业务活动是否可信息化。对可信息化的业务活动进行信息流分析,分析业务活动、参与人员(或部门)和信息三者之间的关系,对分析结果汇总和归类,形成职能域的功能模型、数据模型、分析模型和用户模型。

职能域分析的成果是该职能域的业务模型、功能模型、数据模型、分析模型和用户模型。

4.1 职能域部门调研

职能域部门调研是按照职能域描述中本职能域覆盖的业务范围和涉及的部门为边界进行调研分析,通过部门调研了解本职能域业务内容和数据内容。本模块的输入是总体业务调研信息表,输出是职能域部门业务列表。

需要说明的是,职能域部门调研与信息系统需求调研不同,职能域部门调研是监管工程方法论职能域分析模块中的一个环节,目的是掌握部门业务现状,因此注重对部门业务内容的全面梳理,厘清部门到底有哪些业务以及各项业务间的关联关系;信息系统需求调研服务于信息系统开发,是从信息系统建设的角度,调研部门对信息系统建设的业务需求、用户需求、功能需求、非功能需求等,是为后续撰写需求分析报告做准备。

4.1.1 部门职能调研

调研本职能域涉及的各个部门的业务职能、岗位设置及岗位职责。在部门基本情况调研时，首先根据职能域描述细化本职能域覆盖的部门与处室，梳理职能域和业务部门的细粒度对应关系，细化到各部门对应的处室和具体的岗位。

同时，收集本职能域的相关业务资料，具体包括各部门管理制度、管理办法等管理文件，业务发展规划、管理需求、服务需求等业务文件，以及管理表格、统计报表、单证等相关报表。

4.1.2 业务内容调研

针对各部门、处室和岗位所对应的业务流程进行细粒度的调研分析，调研每项业务包含的业务环节及其属性，重点分析每项业务流程的内部和外部参与者、业务流程的内容、业务流程之间的时序关系（具体格式详见本章图 4.5.1、图 4.5.2）。具体包括：

（1）业务环节名称、描述（工作内容、范围边界、时限），主办部门（岗位）、协办部门（岗位）。

（2）业务环节之间的关联关系，包括每个活动的输入和输出之间的变化或关系是什么？从一个活动到下一个活动的条件是什么？从一个活动到下一个活动有无时间限制？限制是什么？

4.1.3 监管场景调研

在业务识别和分析前，一项非常重要的任务在于深入了解监管业务场景，认识业务内容所服务的监管场景；通过调研，了解业务内容与哪些监管场景相关，以便后续更好地识别业务流程并构建业务模型。

具体可以通过基于业务内容，以监管为导向，调研了解其相关的场景，明确部门业务所支持的监管业务场景范围和类型。

4.1.4 业务数据调研

针对各部门、处室和岗位所对应的数据流转进行细粒度的调研分析，调研每项业务环节中涉及的数据及其属性，重点分析每项业务流程所需输入、处理和输出的单据、报表等信息。具体包括：

（1）数据内容（输入的数据及来源、存储的数据、输出数据及去向，如涉及外部职能域的需注明）、数据内容的格式类型（如有报表、单证、账册等固定格式的需附附件）、数据量、采集方式。

（2）业务数据之间的内在联系。

（3）有无国家标准、部颁标准或其他标准。

一般来说，部门业务调研可采用多种形式，如通过网站中部门职责说明、规章制度、岗位说明等形式收集各部门的职能说明；或对收集的资料进行初步分析后，有针对性地形成业务调研提纲、设计业务调研表格，由岗位负责人填写调研表格；或通过部门座谈、重点岗位访谈等多种形式开展业务调研。完成上述调研后，还需要及时整理调研资料，汇总调研表格、访谈记录以及收集的用户单据、报表等（具体格式详见本章图4.5.3）。

以证监会公司监管职能域部门调研为例，职能域划分中对该职能域的描述见表4.1.1。

表 4.1.1 公司监管职能域示例

职能域名	职能域描述	涉及部门
公司监管域	负责指导、协调、检查、督促证券交易所和派出机构的日常监管工作。拟定在境内发行股票并上市的规则、实施细则，以及发行可转换公司债券的规则、实施细则等	上市公司监管司、发行监管司、公众公司监管司、债券监管司、证监局、交易所

依据此对应关系逐一对各部门、处室进行业务调研并收集相关业务资料。在调研中，采用了设计调研提纲、业务调研表格的书面调研和重点岗位座谈等方式，了解职能域内部的业务和数据内容。

4.2 职能域部门业务识别

4.2.1 职责分析

1. 职责分析的意义

职责是在一定时间内，由一个人担负的一项或多项任务组成的活动，而任务是为达到某个目的所进行的一项活动。职责分析是需求分析中的重要阶段，适用组织、岗位、功能、信息等对象类型，建立分层次的模型，是后续建立业务模型、数据模型、用户模型的基石。

机构的部门职责是由其业务活动决定的，通过分析部门职责，可以明确各部门的价值，以及明确通过哪些关键措施来实现部门价值，从而进一步明确部门职责，同时梳理出部门的主要需求。

2. 职责分析的内容

职能域的职责分析，主要分析在特定的职能域之内，涉及的相关部门、相关岗位的职能,同时厘清职能域、部门、岗位、职责之间的关系。职能域和部门之间是一种多对多的关系,即每个职能域可能涉及多个部门,而每个部门也可能和多个职能域相关。

3. 职责分析的方法

职能域的职责分析采用自顶向下的分析方法,逐步拆解分析再合并。首先是"职能域-部门"分析,先根据职能域的具体业务范围,相关调研情况,获取职能域涉及的部门,形成职能域与部门之间的关系(见表4.2.1)。

表 4.2.1 职能域-部门职责表示例

职能域名称	职能域描述	职能域涉及部门	部门职责
公司监管域	对上市公司、挂牌公司在资本市场融资的全生命周期进行监管,对上市公司、挂牌公司的信息披露进行监管,并对上市公司、挂牌公司的证券违法行为进行查处	上市公司监管司、发行监管司、公众公司监管司	拟定监管上市公司的规则、实施细则;监管境内上市公司并购重组活动;监督和指导交易所、派出机构监管上市公司的信息披露工作;监督上市公司及其董事、监事、高级管理人员、主要股东履行证券法规规定的义务;牵头负责上市公司出现重大问题及风险处置的相关工作等。拟定在境内发行股票并上市的规则、实施细则,以及发行可转换公司债券的规则、实施细则;审核在境内首次公开发行股票的申请文件并监管其发行上市活动;审核上市公司在境内发行股票、可转换公司债券的申请文件并监管其发行上市活动等
	对公司债券发行开展日常监管。通过现场检查、约谈、走访调研等方式,摸清风险底数,防范化解重点企业、重点领域债券违约风险,维护债券市场稳定大局	债券监管司、证监局	拟定监管债券市场的规则、实施细则;审核债券市场的自律管理规则;审核公司债券公开发行并监管相关发行上市活动;监管公司债券非公开发行和转让活动;拟定资产证券化产品发行上市交易的监管规则、实施细则并监管其发行上市活动;协调指导证券自律组织的债券业务;审核证券资信评级机构从事债券业务的资格;监管证券中介和服务机构的债券业务活动;监测债券市场运行,负责债券市场风险处置工作;协调债券市场统一监管执法;负责债券市场部际协调工作等
	……	……	……

然后进行"部门-岗位"分析,岗位是组织的最小单位,通常部门有对应的组织架构、岗位说明书等,从中提炼出岗位以及对应的职能域情况。岗位分析主要是对完成工作的要求、周期和范围,着眼于工作本身(见表4.2.2)。

表 4.2.2　部门-岗位职责表示例

部门	岗位	岗位职责	所属职能域
发行监管司	审核人员	……	公司监管域
公司债券监管司	审核人员	……	
……	……	……	……

4. 职责分析的交付物

整合上述的分析内容，形成本章的交付物。以公司监管域中的发行审核职能为例，相关职能部门可能有审核部、监管执行部等，梳理出该职能域下对应的职责、相关的岗位以及岗位的具体工作。在整合过程中应注意，并非部门所有的岗位都归属于同一个职能域之下，这里要结合岗位职责深入分析。

例如监管执行的一部分工作是核查发行审核中的问题，而另一部分可能是在跟进公司持续监管中的问题（见表 4.2.3）。

表 4.2.3　公司监管职能域中的发行审核职能分析示例

职能域名称	描述	岗位	岗位描述
公司监管域	审核部 职责：负责股票发行上市审核和上市公司并购重组审核工作	审核人员	……
		审核组长	……
		……	……
	综合部 职责：负责中心的组织协调工作，负责材料受理、申报前咨询沟通、文件流转、工作协调，以及上市委和重组委秘书处工作	……	……
	质量控制部 职责：负责对审核工作进行监督，承担中介机构监管，实施监管措施与纪律处分，以及科技创新咨询委员会秘书处工作	……	……

4.2.2　业务识别

业务识别主要分为业务过程的识别和业务活动的识别。业务过程是具有高度关联的业务活动的集合。一般来说，一个业务过程只有一个对外的入口和对外的出口；由跨部门的岗位协作完成的业务过程，应特别说明协作的部门和岗位。

职能域的业务识别区别于主线业务识别，它是在特定的职能域下的识别过程，采用自顶向下的模式进行，分析职能域业务的层次和业务组成，并梳理每一个业务过程包括哪些活动、活动的时序关系、层级关系，再进一步分析部门岗位的业务活动（具体格式详见本章表 4.5.1~ 表 4.5.3）。

业务活动要求原子性，是业务功能分解后最基本的、不可再分解的最小的独立业务功能单元，是特定时空下的可测量结果。

业务活动识别可以按照识别实体、分析活动、汇总实体与活动的关系这三个步骤进行。

1. 识别实体

实体是业务过程的参与者，实体可以分为实体部门、抽象部门、角色、虚体用户组。

实体部门是执行某项业务的实体部门，对应机构设置中的实体部门。

抽象部门是将执行某项业务的一组部门抽象为一个部门，需要描述与机构设置中实体部门的对照关系。

角色是执行某项业务的人，对应机构设置中的岗位。

虚体用户组是执行某项业务的一组人。

2. 分析活动

分析活动是分析职能与其中各实体参与的业务活动，一般来说业务活动就是各部门处室中相应岗位的岗位职责。

分析活动过程中要根据岗位职责形成的活动，梳理业务过程活动所需要的信息，每项活动对应的上游岗位的活动、下游岗位的活动（活动的时序关系、层级关系）以及活动完成后产生的结果。通过对上述分析的汇总、关联后形成完整的业务活动列表。

在梳理业务活动列表时，应按照规范的方式命名，其名称通常采用动词短语，一般保证动宾结构或者主谓宾结构。

3. 汇总实体与活动的关系

通过职能域实体以及活动关系的梳理，可以明确实体和活动的关系，活动之间的时序关系等，将一系列有开始和结束的活动及其参与实体关联起来，就可以形成完整闭环的业务流程。

4.2.3 监管场景识别

1. 监管场景识别的意义和目标

在职能域部门业务识别中，还需要对职能域的监管场景进行识别，包括确定监管场景的名称、明确监管场景的监管目标、梳理监管依据、收集监管案例和剖析监管关注点。监管场景识别与业务识别的区别是，业务识别主要回答 How（即如何监管）的问题，监管场景识别主要回答 What（即监管什么）的问题。识别监管场景最重要的目的是明确监管关注点及其重要程度，以便据此构建监管指标体系、选择适当的数据及分析方法、对其进行优先级排序和实施，最终实现监管的智能化。

2. 监管场景识别的内容

（1）监管目标：监管行为取得的最终效果或达到的最终目标（见表 4.2.4）。

表 4.2.4　上市公司信息披露监管场景识别示例

监管场景	上市公司信息披露监管-定期报告审查
监管目标	规范上市公司及其他信息披露义务人的信息披露行为，加强信息披露事务管理，保护投资者合法权益，确保信息披露义务人及时依法履行信息披露义务，披露的信息真实、准确、完整，简明清晰、通俗易懂，不得有虚假记载、误导性陈述或者重大遗漏，有效识别风险、实时预警，支持上市公司监管工作

（2）监管关注点：监管场景的关注要点及其重要程度清单。其中，关注点以短语加解释性说明表示；重要程度应综合考虑关注点的业务重要度和发生频率，用于对关注点分级分类维护管理（见表 4.2.5）。

表 4.2.5　上市公司监管关注点重要程度标准示例

监管关注点重要程度	评断标准	对应管理方案
高	业务部门重点关注或有效性强，且发生频率较高的风险点	优先进行数据可获得性、技术可实现性评估，优先形成数据分析产品，优先纳入后续系统开发需求
中	偶有发生但有一定影响的风险点	在完成高重要度指标后，进行需求评估及排期开发
低	法律法规或业务部门要求，但实际发生频率较低且影响较小的风险点	持续跟进，其重要度转为更高等级时进行需求评估及排期开发

仍以上市公司信息披露监管-定期报告审查这一监管场景为例，其监管关注点包括财务真实性、财务规范性、财务健康度、关联交易等（见表 4.2.6）。

表 4.2.6　上市公司信息披露监管关注点示例

监管关注点	监管关注点释义	重要度
财务真实性	财务信息是否真实，是否存在重大遗漏，主要财务数据、指标是否存在重大异常	高

续表

监管关注点	监管关注点释义	重要度
财务规范性	会计政策，会计估计运用、变更及会计差错更正情况	中
财务健康度	营运能力、财务结构、偿债能力、盈利能力、成长能力	中
关联交易	关联方信息披露是否完整，有无关联交易非关联化嫌疑，关联交易是否履行决策程序与信披义务，关联交易定价是否公允	高

（3）监管依据：监管关注点对应的法律法规（如有），细化至具体的法律条文（见表4.2.7）。

表 4.2.7　上市公司信息披露监管依据示例

监管场景	监管关注点	监管依据
上市公司信息披露监管-定期报告审查	财务健康度	无
	关联交易	上市公司信息披露管理办法第四十一条：上市公司董事、监事、高级管理人员、持股百分之五以上的股东及其一致行动人、实际控制人应当及时向上市公司董事会报送上市公司关联人名单及关联关系的说明。上市公司应当履行关联交易的审议程序，并严格执行关联交易回避表决制度。交易各方不得通过隐瞒关联关系或者采取其他手段，规避上市公司的关联交易审议程序和信息披露义务

（4）监管案例：与监管关注点紧密相关的监管案例，用于后续测试监管指标体系有效性的样本，并辅助理解监管关注点。类型包括但不限于行政处罚、行政监管措施、自律监管措施等（见表4.2.8）。

表 4.2.8　上市公司信息披露监管案例示例

监管场景	上市公司信息披露监管-定期报告审查
监管关注点	财务真实性
监管案例	中国证监会行政处罚决定书（康得新复合材料集团股份有限公司）

3. 监管场景识别的方法

第一步，收集候选监管场景。采用自顶向下的方法，结合部门职责、业务现状和发展规划，归纳出候选监管场景；再采用自底向上的方法，将候选监管场景与前述识别的业务进行比照，确保所有业务活动涉及的监管场景均已被包括。

第二步，通过资料整理，收集各个候选监管场景全部相关法律法规和典型监管案例。

第三步，通过监管场景调研、监管依据拆解、监管案例剖析，明确各候选监管场景的监管目标，提炼该场景的监管关注点清单，通过专家经验或机器学习的方法确定监管关注点重要度，并依据监管案例的案由将监管案例与监管关注点关联（一个监管案例可能包含多个案由，因此可以关联多个监管关注点）。

第四步，根据监管场景的相似程度，对候选监管场景进行必要的拆分与合并，确定最终的监管场景。

4. 监管场景识别交付物

最终，将监管场景中识别的内容进行匹配和对应，形成职能域监管场景的汇总表。

4.2.4 业务数据识别

1. 业务数据识别的意义和目标

结合业务数据调研和业务识别成果，对业务数据进行全面识别，初步划分业务对象，厘清包含的实体和属性，梳理数据来源和格式、采集存储方式和输入输出方式，为后续数据流分析和数据模型构建提供基础。

2. 业务数据识别的内容

（1）实体与属性：实体是参与业务活动的对象，属性是实体的组件或附着其上的特性。例如，上市公司、上市公司母公司、上市公司子公司、上市公司股东等均是实体；上市公司母公司实体具有公司中文名称、统一社会信用代码、注册地址等属性。

（2）业务对象：业务对象表达业务主要关注的人、事物或概念，是紧密关联的实体的集合。例如，上市公司、上市公司股票质押业务、上市公司财务信息、行政处罚、证券账户等均可以是业务对象。上市公司母公司、上市公司子公司、上市公司股东等实体均是紧密围绕"上市公司"这一事物的，因此可以将"上市公司"作为一个业务对象，上述实体则是这个业务对象包含的实体。

（3）来源和格式：指业务数据的来源和格式。同一内容的业务数据可能有多个数据源，如上市公司股票质押数据可以有中国登记结算、上市公司公告结构化、交易所报送、证券公司填报、监管人员录入等多个来源。格式可能为结构化的接口、CSV 文件；非结构化的PDF、JPG 文件；半结构化的 XBRL 文件等。

（4）采集存储方式：指业务数据的采集存储方式。采集方式包括但不限于离线采集、实时采集、互联网采集等。存储方式如 MySQL 数据库、MongoDB 非关系型数据库、Hive 数据仓库等。

（5）输入输出方式：指业务数据提供价值的输入和输出方式。输入方式如手动查询数据库、手动查询业务系统、系统自动生成等。输出方式如指标、报表、预警线索、大屏等。

3. 业务数据识别的方法

第一步，以业务数据调研得到的存量物理表作为基础，自底向上梳理。从存量物理表中剔除衍生数据（如各类指标、报表等统计信息），明确剩余表的数据来源和格式、采集存储方式和输入与输出方式，从业务角度抽象出实体和属性，合并重复的实体和属性，用简洁的业务词汇为其命名，并按照实体之间关系的紧密程度初步抽象出业务对象。

第二步，以业务活动和现有业务对象视图为基础，自顶向下梳理。从已识别的业务过程的输入输出内容中收集名词，结合业务活动，对候选业务对象、实体和属性进行补充完善。

4.3 职能域业务流程分析

在职能域业务流程分析中，需要梳理职能域的业务内容，分析每项业务流程的活动主体、活动内容和活动时序，绘制业务流程图，并采用"业务大类—业务过程—业务活动"的三层业务框架描述职能域业务模型。本节重点是在职能域中部门内部业务活动识别的基础上，进一步梳理职能域中各部门之间的业务活动。

4.3.1 梳理活动主体

梳理活动主体是对业务过程中业务参与者的抽象。一般来说，参与者可以抽象为四类活动主体：

实体部门（organization）：执行某项业务的实体部门，对应机构设置中的实体部门。

抽象部门（division）：将执行某项业务的一组部门抽象为一个部门，需要描述与机构设置中实体部门的对照关系。

角色（role）：执行某项业务的人，对应机构设置中的岗位。

虚体用户组（group）：执行某项业务的一组人。

4.3.2 梳理活动内容

梳理活动内容是分析业务过程中各主体参与的业务活动，一般来说业务活动就是各部门处室中相应岗位的岗位职责。

梳理活动内容过程中要根据岗位职责形成的活动，梳理业务过程活动所需要的信息、每项活动对应的岗位、活动内涵以及活动完成后产生的结果。通过对上述分析的汇总、关联后形成完整的业务活动列表。

4.3.3 梳理活动时序

梳理活动时序是分析流程中的活动具有的先后顺序,一般来说业务活动的时序,就是各部门处室岗位职责中上下游岗位任务的传递关系。

梳理业务过程活动时序所需要的信息,每项活动对应的上游活动、下游活动(活动的时序关系、层级关系),确认上游活动完成时的输出是否满足活动开始所需要的输入,从一个活动到下一个活动有无时间限制,限制是什么。

4.3.4 梳理主体关系

完整的业务流程是每部分业务是由谁(主体)、按照什么时序关系、通过什么样的处理环节(活动)完成相关的工作。因此,业务流程分析的最后一步是将主体和活动关联起来。

在这一步,需要基于总体分析的基本框架,自顶向下,逐层分解,形成层级的业务流程;保证每个业务流程都要有一个开始和一个结束;保证每个业务活动属于唯一的参与者,必要时可拆分活动或者确定牵头部门。

业务过程的分析需要基于部门业务调研的调研报告和调研表,参考业务专家的业务知识,考虑部门和处室的划分,并考虑业务控制与数据关联的紧密程度。

下面以证监会公司监管职能域中的日常监管职能为例说明:

首先识别业务过程,采用自顶向下的方法,根据对日常监管业务的理解,将日常监管业务相对独立的业务划分为一个个业务过程,对每个业务过程进行识别,分析其包含实体、活动,分析实体与活动的关系,分析活动的时序关系和层级关系。

如在日常信息披露审核流程中涉及上市公司、派出机构、审查部门、发行人,涉及的活动包括提交定期报告、定期报告初审、定期报告审查、发行人问询、发行人反馈等。将实体与活动关联,就完成了一个业务识别过程;再如在重大事项报告监管流程中涉及公司债券发行人和原始权益人、派出机构、交易所、审查部门,涉及的活动包括证监局和交易所监管员起草重大事项报告、录入办理意见并指派给局内或者所内其他人员进行审批。视事项的紧急和重要程度,证监局事项的办理一般经过处室审批、局领导审批和签章;交易所事项一般经过部门内审批、所领导审批和签章。局所内部审批无问题后,可以提交至监管司。具体如表 4.3.1 所示。

表 4.3.1 日常信息披露审核流程识别示例

业务过程	实体	业务活动	业务活动描述
日常信息披露审核	上市公司	提交定期报告	……
	派出机构	定期报告初审	……
	审查部门	定期报告审查	……

续表

业务过程	实体	业务活动	业务活动描述
日常信息披露审核	审查部门	发行人问询	……
	发行人	发行人反馈	……
重大事项报告	派出机构、交易所	起草报告	……
		审批和签章	……
		提交报告	……
	债券监管司	接收报告	……
……	……	……	……

业务流程识别后还需要采用清晰、规范的语言来进行描述,将机构的业务流程显性化。业务流程有图形描述和文字描述两种描述方式。

1. 图形描述

业务流程图（business process diagram，BPD）是业务流程的主要描述方式,是从用户视角来分析业务逻辑和规则的概念模型,用图形方式描述业务活动开展的各种内在任务和流程,并且描述各类用户如何完成和处理这些任务与流程而互相影响。业务流程图清晰地表达活动参与者参与活动的时序关系和处理流程,描述活动、流程、信息和操作之间的交互作用。

参与者（organization unit）、活动（process）、流程（flow）是业务流程图的三个要素。绘制业务流程图时,要厘清每部分业务是由谁（主体,参与者）、按照什么时序关系（流程）、通过什么样的处理环节（活动）完成相关的工作。

绘制业务流程图要遵循一致性、完整性和具体性原则,即业务流程图要服务管理现状、与实际业务流转一致；业务流程图强调业务过程本身的完整,而不局限于一个部门；同时,业务流程图要尽量具体,准确地描述业务的内容。

日常信息披露审核的业务流程图如图 4.3.1 所示。

通过业务流程图 4.3.2，我们可以很直观地看到各业务流程中各活动与实体的关系,活动在流程中的时序以及活动的上下级关系。

2. 文字描述

用细节文字补充图形描述,包括用于生成文档和备案。

示例 1：披露信息监管指对上市公司披露的各类信息进行监管。包括以下内容：

（1）针对定期报告和临时公告的合规性检查,定期报告审核包括年报审核、半年报审核和一、三季度报审核,临时公告审核指对上市公司发布的临时公告的审核,审核的重点是年报审核。

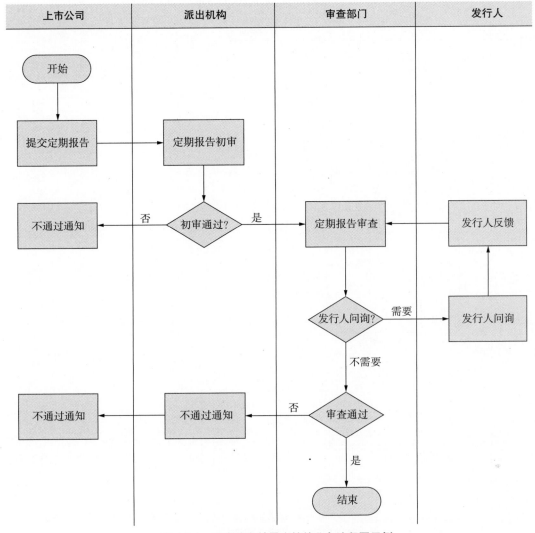

图 4.3.1 日常信息披露审核的业务流程图示例

（2）对上市公司股价异动情况进行监控、核查。

（3）对上市公司违反相关规定的信息披露违规行为进行监管处罚。

（4）对上市公司信息披露相关制度及披露信息部分内容的真实性存疑时进行现场检查或核查。

证券交易所负责信息披露非现场监管工作，派出机构负责信息披露现场监管工作。

示例 2：当公司债券发行人和原始权益人及其相关主体发生了需要进行重大事项报告的情形，如债券价格异常波动、银行抽贷断贷、经营业绩大幅下滑、评级大幅下调等，证监局和交易所需要将该重大事项报告至监管司。

证监局和交易所监管员起草重大事项报告，录入办理意见并指派给局内或者所内其他人员进行审批。视事项的紧急和重要程度，证监局事项的办理一般经过处室审批、局领导审

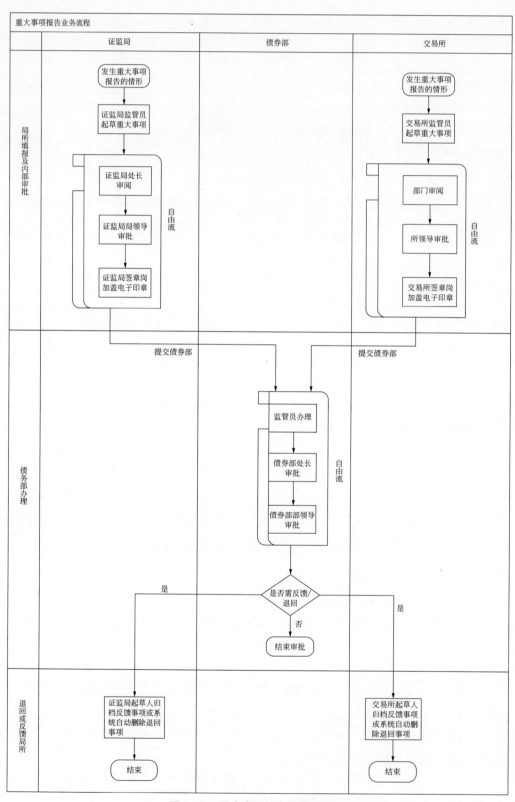

图 4.3.2 重大事项报告流程图示例

批和签章；交易所事项一般经过部门内审批、所领导审批和签章。局所内部审批无问题后，可以提交至债券司。

局所重大事项报告提交至债券司后，对应债券司监管员即可在系统中进行事项办理，办理过程中可以查看重大事项详情，对事项紧急程度进行二次调整并进行分层分类管理，一般类事项可以上报至处长，紧急类事项可以上报至主任审批后结束办理。如果事项为误报，可以退回局所，如果有进一步指示，可以反馈至局所。

4.4 职能域主线业务分类与建模

4.4.1 建立业务模型

职能域业务模型描述本职能域内部的业务内容及其分布。因此，在识别业务过程和绘制业务流程之后，就可以进一步分析形成本职能域的业务模型。

首先，对各业务过程进行汇总、分析，依据业务过程间关联紧密程度和业务背景知识对业务过程进行再组合，归并、抽象形成业务大类；其次，对业务大类下的业务过程进行可信息化分析，标识出不可信息化的业务过程；最后，用图表方式描述职能域内业务大类之间的粗粒度的逻辑关系，即成为职能域业务模型。

4.4.2 管理型流程型业务建模

业务的组织管理是按照组织运行的客观实际和规律，在不同组织和管理体制的约束下，通过信息传播开展不同性质、不同流程的组织管理型职能工作。具体来看，就是重点以法律、法规、规章的制定与执行情况，有序地组织开展相关工作。在整合性分工协作的同时，依据程序形成了多类型、多阶段的管理型流程型业务。

1. 管理型流程型业务

基于前文业务分析方法，针对管理型流程型业务构建业务模型，具体示例如下。

下面以证监会公司监管职能域中日常监管为例说明：

在业务归并的过程中，可根据对业务流程的分析，将不可信息化的过程或活动清除，保留可信息化的业务流程，并将业务流程归并为业务大类。对业务功能复杂的职能域，可将业务大类分为不同的级别，以便于管理。按照"业务大类—业务过程—业务活动"三层结构描述其业务。对业务流程的归并和抽象分析的过程如图 4.4.1 所示。

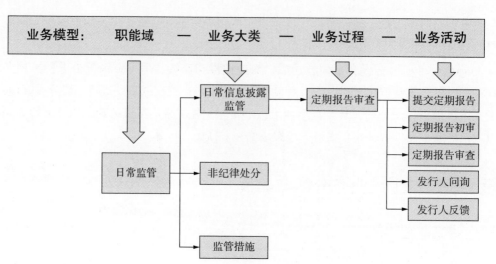

图 4.4.1　日常监管职能域业务模型归并过程

最终的业务模型如表 4.4.1 所示。

表 4.4.1　上市公司日常监管职能域业务模型示例

编号	业务一级分类	业务二级分类	业务过程	业务活动
1	日常信息披露监管	定期报告监管	对公司定期报告等日常信息披露进行审核、跟踪	审核信息披露内容，跟踪信息披露上网情况，监管披露情况，审核定期报告、临时公告等信息披露内容，部分定期报告需要向发行人问询
2	日常信息披露监管	临时公告监管	对公司股东大会、关联交易、基本信息变化等临时公告进行审核、跟踪	审核信息披露内容，跟踪信息披露上网情况，监管披露情况，审核定期报告、临时公告等信息披露内容，部分定期报告需要向发行人问询
3	日常信息披露监管	经营运作监管	对要约收购、权益分派等经营运作相关信息披露监管进行审核、跟踪	审核信息披露内容，跟踪信息披露上网情况，跟踪可转债相关业务办理情况
4	信息报送	日常信息的报送	派出机构与公众公司部之间的日常监管信息的报送与查看	
5	信息报送	管理及月报的报送与管理	派出机构每个月按照固定月报上报的模板进行信息的填录与报送，证监局或者股转生成月报报表报送给非公部	填报并发送月报至证监会

续表

编号	业务一级分类	业务二级分类	业务过程	业务活动
6	情况核查及投诉处理	举报核查、答复	派出机构及股转公司,办理上市/挂牌公司停复牌、除权除息、限售解限售等业务,办理举报核查、答复等工作	
7		情况核查	根据证监会部署、派出机构通报情况对公司情况进行核查等	
8		信访投诉	处理外部投诉	确认投诉内容,核查投诉情况
……	……	……	……	……

2. 数据流分析

数据流分析是把数据在部门内部的流动情况抽象出来,舍去具体组织机构、信息载体、处理工作等物理组成,单纯从数据流动过程来分析实际业务数据的处理模式。

1) 数据流分析的意义

数据流分析主要包括对信息的流动、变换、存储等的分析,数据流分析的目的是发现和解决数据在业务流动中的问题,是信息资源规划中显式化揭示业务流程中数据流动的重要方法,是信息系统软件设计的基础,与软件的易用性息息相关。

一方面,数据流分析能够从数据完备、自洽等角度揭示业务流程存在的如下问题:

(1) 数据流不畅通;

(2) 前后数据不匹配;

(3) 数据处理过程不合理等。

另一方面,辅助分析问题存在的原因,找出解决的方法,从而为业务流程优化提供依据,也是后续数据建模的主要依据,从而保障后续设计的正确。如:

(1) 管理不规范导致数据处理流程本身有问题;

(2) 业务调研有误或对业务了解不清晰;

(3) 业务流程图绘制有误。

2) 数据流分析的内容

数据流以职能域业务流程分析和业务模型为基础,对可信息化的业务过程进行信息流关联分析,以数据为载体,分析活动主体(部门、岗位或用户)、业务活动(或业务过程)和信息三者之间的关系。

3) 数据流分析方法

数据流分析时,通常使用数据流图(data flow diagram,DFD)及配套的表格来表述系统的逻辑功能、数据在系统内部的逻辑流向和逻辑变换过程,是从数据的角度描述业务过程。数据流图用于描述活动之间的数据流向和数据关联，侧重于信息的流向，对业务活动涉及的用户视图要识别到实体及其之间的联系。

数据流分析的基本步骤：

第一步，识别业务流转中的数据实体，分析用户视图（即用户视角）看到业务流转中的数据实体，通常是各类文件、表单、单据和统计表等，是业务活动中最基本的单元，是数据传递中重要的组成，是每个数据实体最小的不可再分的信息单元，反映的是一组业务活动处理或采集的一组数据。

第二步，分析每个业务活动之间的数据关联关系。通常通过业务活动中的岗位分析得到数据的流向。

第三步，绘制数据流图。根据已经整理的表格，按照数据流图的绘制方式绘制该职能域的数据流图（见表4.4.2）。

表 4.4.2　流转数据集表示例

数据类别	数据名称	数据说明
文件/表格	审计项清单	主要包括初步拟定的审计项，并形成审计项库，用于检查任务的发起
文件	现场检查方案	主要包括制定的具体检查方案，包含检查组组长、组员、检查时间等信息，用于检查任务执行
文件	现场检查结果	主要包括现场检查的检查结果
……	……	……

注：

数据类别：描述数据的形式。

数据名称：对数据内容命名，在数据流分析中，这些数据表格是为了清楚地表达数据之间的流转关系，可以不在这个阶段标准化。

数据说明：对数据的用途、内容等进行描述。

3. 提炼业务数据

提炼业务数据是将业务行为产生的数据对象进行汇总、分类、抽象，建立初步的数据模型，作为后续数据详细建模的重要依据。数据模型是对机构数据需求的概括，是客观事物及其联系的数据描述，反映了系统的信息组织结构。

1）提炼业务数据的意义

提炼业务数据模型可以反向帮助梳理业务流程，数据模型反映了业务的数据逻辑，本质也是为业务服务，通过业务数据模型可以确保关系的有效性。

建立全方位的数据框架帮助统一业务逻辑。在业务开展过程中涉及许多部门，可能存在各自为战、建设烟囱系统的情况。通过职能域内的数据建模，将多个部门间的数据汇总，通过顶层视角梳理，帮助进一步统一业务逻辑。

确保物理建模时的模型是可以支撑业务发展的。在建设过程中存在许多不确定性，原因之一就是缺少前期的数据模型梳理，导致数据不能落地。

2）提炼业务数据的内容

业务数据模型通常由主题数据库、数据主题、数据实体组成，具有"主题数据库—数据主题—数据实体"三层结构。每个主题数据库都由若干个关联的子数据库组成，每个子数据库又由围绕某一个主题的多类业务信息（数据实体）组成。提炼业务数据即是抽象出主题数据库、数据主题、数据实体，以及建立起它们之间的关系。

主题数据库是面向业务主题的数据组织存储，是针对某一领域的数据库，设计目的是将数据划分成可以管理的单位，比如公司监管数据库、发行审核数据库等。

数据主题是指某一领域具体的分析对象，是业务对象高度概括的概念层次归类，目的是便于数据的管理和应用，比如在监管机构可能有产品、交易、行情等数据主题。

数据实体是指现实世界中客观存在的并可以相互区分的对象或事物，往往指某类事物的集合。可以是具体的人、事、物，也可以是抽象的概念和关系、具体的数据表。

3）提炼业务数据的方法

目的是建立管理型流程型的数据库以赋能业务，所以按照职能域去划分业务分析需求。

第一步，抽取关键业务概念，并抽象化。由于在前面章节中已经划分了职能域，在抽象业务环节，可以参照职能域进行，对应到具体的主题数据库。

第二步，分析已识别的业务数据（见 4.2 节），对其相同的数据实体进行合并。

第三步，对其数据实体进行归纳，按照业务特点总结为多个数据主题，比如上市公司财报可以划分到财务主题。

第四步，结合业务活动描述，建立这几者之间的关系，并形成相关的初步模型。

4）提炼业务数据的交付物

主要有两种形式的数据模型描述方式：

（1）表格方式。用二维表格的形式梳理，描述数据模型的层次关系（具体格式详见本章表 4.5.14）。

（2）思维导图见图 4.4.2。

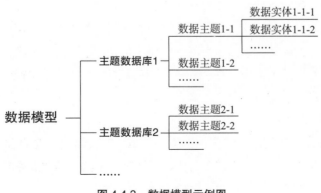

图 4.4.2　数据模型示例图

4. 提炼业务功能

功能模型是在业务模型的基础上，根据对各项监管业务及监管数据的梳理和分析，对各职能域业务模型可信息化的业务活动进行归并、优化和规范描述后，提炼的各职能域可采用公共服务模式提供的系统功能（具体格式详见本章表 4.5.15）。

1）提炼业务功能的目的

将职能域的业务分解，提炼出业务功能，不仅可以明确职能域的范围和边界，还将为职能域后续的系统设施提供有力支撑。提炼业务功能的主要目的如下：

（1）界定职能域的系统实施范围和边界；
（2）独立、明确的业务功能为职能域系统建设成本的准确估算提供支持；
（3）帮助明确具体的实施内容和执行顺序；
（4）防止职能域业务范围的盲目扩散，有效实施变更控制；
（5）为职能域系统实施阶段的计划制订、人员安排提供依据；
（6）对职能域系统的交付验收提供支持。

2）提炼业务功能的方法

职能域的业务功能可采用工作分解结构（the work breakdown structure，WBS）的方式将业务需求进行分解。工作分解结构以可交付成果为导向对业务功能的要素进行分组，工作分解结构可以明确定义职能域或业务流程的范围和边界，对职能域系统建设的成本估算、计划实施、变更控制和交付核对都起着重要的指导作用。

创建工作分解结构有两种方式：自顶向下法和自底向上法。自顶向下法，先把职能域的业务分解为若干阶段，然后不断细化，是一个由总体到细节的过程；自底向上法，从具体的功能点考虑，通过逐层汇总，不断归纳，形成工作分解结构。自顶向下法，先考虑整体，逐步进行细节的完善，是一种常用的业务功能分析方法；自底向上法，适合一些对业务功能总体不明确，但具体功能点较明确的业务场景，此种情况下，可以通过功能点逐步汇总归纳，形成完整的业务体系。证券期货业的监管科技工程适合自顶向下的分析方法。

自顶向下的分析方法采用逐步细化的方式，可以先将职能域的整体或者主要的可交付成果分解成容易管理、方便控制的若干个子系统或者功能点，子系统可以继续分解为具体的功能点，持续这个过程，直到整个职能域都分解为可管理的功能点。

按照工作分解结构自顶向下的分析方法，职能域功能模型可以采用以"系统—子系统—功能模块—功能点"四级结构来描述，每一个系统独立支撑完成一项或一类管理业务，由若干个支持相关业务的子系统组成，每一个子系统又由围绕着支持相应管理业务的多个功能模块构成，每一个功能模块又由若干个功能点组成。

3）业务功能分解原则

业务功能分解作为职能域系统实施的重要依据，其分解过程是自顶向下，逐步细化的过程。在分解的过程中由于负责人或者具体负责团队的不同，其对业务的理解不同，均会对职能域的业务功能分解的正确性产生一定的影响。

职能域的业务功能分解应遵循以下原则:

（1）可交付原则。职能域业务功能分析的目标是提供技术产品或者服务，为证券期货业监管业务提供有效支撑。因此，职能域业务分解后的各项业务功能应当可形成具体的交付成果。

（2）业务范围完整性原则。职能域业务分析是一个自顶向下、逐步细化的过程。业务功能作为职能域系统建设的基本单位，应当覆盖职能域的全部范围，确保职能域系统建设实施能够满足监管工作的需要。

（3）功能的原子性原则。职能域业务功能的划分，应当是相对独立的功能。确保在职能域系统建设过程中，不涉及多种技术要素或多个实施团队。

（4）实施可控原则。职能域业务功能分解主要为系统的实施做准备，因此，业务功能分解应当做到业务功能便于实施的任务分配、时间和资金的估算。

4）提炼业务功能的交付物

完成职能域业务功能分解后，可形成职能域的业务功能模型，职能域业务功能模型可以采用"系统—子系统—功能模块—功能点"四级结构来描述，可以采用功能模型图和业务功能表格的方式展示。

以公司监管职能域中行政许可业务为例，业务功能模型如表4.4.3所示。

表 4.4.3　行政许可业务功能模型示例

系统	子系统	功能模块	功能点
行政许可系统	申报子系统	网上办理大厅	申请事项查询
			行政许可公告
			热门行政许可事项
			行政许可法律法规
			办理情况统计
			审批进度公示
			申请人评议
		行政许可申请	申请事项导航
			办事指南
			在线申请
		申请人注册	申请人注册
		申请人登录	申请人登录、忘记密码、重置密码
		我的申请	我的申请
	受理子系统	首页	通知公告
			最新待办申请
			申请受理量
			受理、办结单据量
			超期申请事项

续表

系统	子系统	功能模块	功能点
行政许可系统	受理子系统	现场申报审核	现场申报审核
		待办申请	申请材料审查
			补正通知审查
			受理通知审查
			书面反馈审查
			行政许可决定书送达
			终止审查通知审查
			恢复审查通知审查
		事项督办	事项督办
		档案查询	档案查询
		统计分析	统计分析
			审批进度查询
			审批事项办结情况统计表
			审批事项办结情况明细表
		沟通平台	维护办事指南
			维护相关法律法规
			维护申请材料目录
			维护常见问题
			许可公告
		内部交流	发布通知
			发布公告
		申请人评议	调查评议
			留言信箱
		法律法规	法律法规
		知识库	知识库首页
			公共文件
			私人文件
			文件回收站
			全局检索
		系统配置	申请事项
			下放申请事项
			法定假日
		撤销申请	撤销申请
		批量终止/恢复	批量终止/恢复

续表

系统	子系统	功能模块	功能点
行政许可系统	受理子系统	批量签批	批量签批
		老系统数据	老系统数据
	审查子系统	首页	通知公告
			行政许可待办申请
			受理、办结单据量
		待办申请	申请材料审查
			补正通知
			书面反馈
			终止审查通知
			恢复审查通知
			相关工作事务
		档案查询	档案查询
		统计分析	统计分析
			审批进度查询
		沟通平台	维护办事指南
			维护相关法律法规
			维护申请材料目录
			维护常见问题
			许可公告
		法律法规	法律法规
		知识库	知识库首页
			公共文件
			私人文件
			文件回收站
			全局检索
		批量终止/恢复	批量终止/恢复
		批量签批	批量签批

5. 提炼用户分类

通过职能域业务流程识别和功能分析，可以看到职能域的各个业务环节均有不同的用户参与其中，各司其职，使各业务流程顺畅运行起来。用户作为职能域系统的使用人员和参与人员，既在系统中提供信息，也通过系统获取信息，用户和系统角色的设置是系统建设规划中需要考虑的重要因素（具体格式详见本章表 4.5.16、表 4.5.17）。

在职能域的系统建设过程中，用户的规划主要根据职能域业务涉及机构的岗位设置和岗位业务特征来进行。在业务系统中用户通常从多个维度将机构中涉及的人员分成不同的类别。用户分类描述了机构岗位设置及岗位之间层级关系，是对机构中一组人员和这些人员如何使用信息系统的描述，包括人员的角色、目标，以及对他们的职责要求和他们在信息系统中处理的对象等方面。

对职能域业务涉及用户的分类，主要是为了建立职能域的用户模型，为职能域系统建设提供支持，也为全域用户模型设计提供基础数据。

用户模型包含用户分类（角色）、角色权限对应关系、角色授权关系等三方面的内容：

（1）用户角色：是对机构中用户信息的抽象表示，是一群具有相似需要和职责的用户。

（2）角色权限：是对机构中的用户角色与其拥有的权限之间关系的描述。

（3）角色授权：是对机构中的用户角色来源及对角色及其权限之间的授予关系（角色授权）的描述。

1）用户模型设计

职能域的用户模型主要根据职能域各业务流程中的业务活动、活动主体以及相互关系，进行归并优化形成。职能域的用户模型设计，首先要形成职能域的用户角色，然后明确角色的权限，最后明确角色的授权方式。

（1）职能域用户角色。通过分析细化其各业务流程的业务活动主体，按照其属性转换为职务角色和功能角色。

（2）职能域角色权限。通过梳理每个业务过程的业务活动主体和业务活动关联关系，并将业务活动主体对应用户角色的功能权限和数据权限进行汇总、定义。其中，功能权限来自业务活动主体参与的各个业务活动，数据权限来自业务活动主体处理的各项信息。

（3）职能域角色授权方式。职能域角色授权基于职能域业务涉及的组织机构情况进行设置。一般来说，角色授权方式有两种形式：管理部门直接授权、上级对下级授权。

2）用户模型建立

通过对职能域各业务流程中活动、活动实体及其关系的分析，厘清职能域用户角色、角色权限和角色授权方式，就能够形成职能域的用户模型。职能域用户模型可采用用户模型图、表格方式展示。

用户模型包括用户角色（用户分类）、角色权限（包括功能权限和数据权限）和角色授权方式。用户模型图可采用思维导图的方式绘制，如图4.4.3和表4.4.4所示。

表4.4.4　公司监管域中用户模型示例

序号	用户分类	访问内容
1	非公部监管人员	风险处置模块，监管互动模块，信息报送模块，知识库模块，日常监管模块
2	北交所监管人员	风险处置模块，监管互动模块，信息报送模块，知识库模块，日常监管模块

续表

序号	用户分类	访问内容
3	全国股转公司监管人员	风险处置模块，监管互动模块，信息报送模块，知识库模块，日常监管模块
4	派出机构监管人员	风险处置模块，监管互动模块，信息报送模块，现场监管模块，辅导验收，知识库模块，日常监管模块
5	稽查总队监管人员	风险处置模块，监管互动模块，知识库模块，日常监管模块
6	非公部审核人员	挂牌申请核准，发行核准，发行上市注册，公开募集设立股份有限公司审核，知识库模块
7	北交所审核人员	发行上市审核，发行承销，办理股票上市手续，知识库模块
8	全国股转公司审核人员	挂牌申请审核，发行审核，办理股票挂牌手续，知识库模块

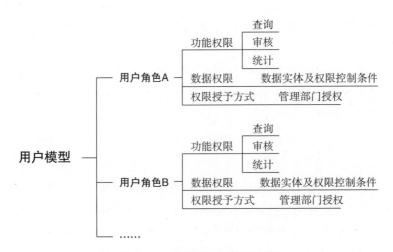

图 4.4.3 职能域用户模型示例图

4.4.3 数据型分析型业务建模

数据型分析型业务建模是围绕各个业务领域的监管事项关注点，特别是对于共性监管事项进行综合分析，归纳、整合应用分析场景和相关数据分析需求，总结数据分析方法和工具，提炼监管指标体系，建立数据型分析型监管业务模型。该模块的输入是监管场景及管理型流程型业务建模下形成的初始数据模型、功能模型和用户模型，输出为数据型分析型业务模型、分析模型，以及补充完善后的数据模型、功能模型和用户模型。

1. 业务分析

在 IT 时代向 DT 时代转型过程中，既不是单纯的技术研究，也不是单纯的数据分析，只有将大数据技术与监管业务实现有机融合，有效形成管理型流程型与数据型分析型双业务协同支撑能力，才能解决监管业务场景中的难题。从数据价值特性利用的角度看，监管场景中的不法分子利用监管漏洞从事违法违规行为，必然会留下各类数据证据，虽然可能暂时淹没在海量数据之中，不被察觉，但难以掩盖事实。大数据分析利用自比和他比的方法，找出违反常规的异常行为或表现，就可能发现存在的深层次问题与违规行为线索（具体格式详见本章表 4.5.18）。

1）筛选监管分析领域和场景

在进行数据型分析型业务建模时，首先需进行监管业务的分析，找到监管需求的分析领域，将业务根据一定维度划分成不同的类型。一般来说，大家往往将需求分析简单地认为是分析"要做什么"，这非常片面，因为根据拥有资源的不同，能做到的事情有限度，而区分这个限度的边界才是需求分析的核心。

2）提炼监管关注点

寻找监管业务关注点是数据型分析型业务建模分析中值得注意的一大要点。在这个过程中，需要根据监管业务场景和需求进行深入分析，找准监管人员核心需求和痛点，分清真伪需求。

监管关注点分析是将业务需求转化为数据分析需求的必由之路，是确认探索过程和最终结果"要做什么"的关键步骤，该步骤往往关系到整个数据型分析型业务开展的效率甚至成败。具体而言，监管关注点分析就是分析要达到什么样的目标，如果投入大量的人力、物力、财力、时间，开发出的模型或者系统却无人问津，那么所有的投入都是徒劳的。

需求分析的首要任务，即是解决"做什么"的问题，需要全面理解各项业务要求。一般在进行业务需求分析过程中，需要做好以下三点：一是获取并筛选业务需求，二是转化业务需求并明确分析目标，三是制定需求说明书并进行评审。具体如下：

（1）获取并筛选业务需求。

首先通过多种方式获取数据分析需求，包括但不限于观察法、访谈法、体验法、问卷调查法和资料调查法。在将用户提出的需求业务场景梳理清楚后，接下来就是过滤用户的需求，很多时候由于用户自己本身对业务的不了解或者对行业知识不了解，基于某些情况，用户提出一些假需求。识别用户的需求到底是不是真的需求，最重要的一条是识别用户提出需求的动机，需要多问几个为什么，知道为什么用户会提出这个需求，为什么要提这个需求，目前是遇到什么困难，现在是怎么做的，如果用户回答问题前后不连贯，或者没有逻辑，这类需求往往就是假需求（见图 4.4.4）。

在过滤掉用户假需求以后，需要知道如何去表达需求。为了使需求更连贯和完整，建议采用"情景场景剧本"的方式来表达。把需求当成一个情景剧，有人物、有业务场景、有目标、有故事背景、有做事的动机、有情节等，可用语言或者图形的方式将故事描绘出来。如果发现故事中有些情节是断裂的，那可能并没真正弄清需求，需要重新梳理。

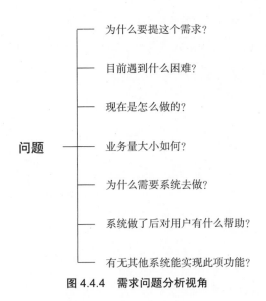

图 4.4.4 需求问题分析视角

（2）转化业务需求并明确分析目标。

在明确真正的业务需求后，需要将其转化为技术需求。通过对业务流程、业务目标、业务实体类型和决策过程的业务模型进行分析，将业务需求对应到预测、识别、对比、关联和描述性统计分析等数据分析需求上，从技术视角为数据分析提供一个初始的锚点。然后从模型和系统的角度来理解问题。确定出整体综合要求，并列出实现这些要求的条件及标准。例如指标类型、硬件环境、所需达到的模型/系统稳定性、保密程度、可视化界面、占用硬件资源等。

逐步细化所有的功能和模块，找到模型系统之间的隐秘联系，在类似数据接口、特征转换、结果产出等层面上进行定制化分析，同时要兼顾设计上的限制。当需求无法被合理满足的时候，需要剔除不合理的部分，增加需要的部分，同时要以更成熟的逻辑模型辅助分析，最终整合到一起。

（3）制定需求说明书并进行评审。

在厘清数据分析需求并明确分析目标后，可编制需求说明书，对前面思维方式作个总结归纳，同时也是将想法落到纸面上。有了需求说明书，各种需求的增删、改查，以及实现与否，才能被更好地对照和记录。依靠需求说明书，对模型系统功能的正确性、完整性和清晰度予以评价。评审完成才可正式进入下一阶段工作，否则需要重新梳理需求。

2. 建立数据型分析型业务模型

数据型分析型业务模型可以采用"分析领域—应用场景—监管关注点"三层结构来描述，每一个分析领域都包含若干个相关的应用场景，每一个应用场景又由多个监管关注点组成（见表4.4.5）。

表 4.4.5 数据型分析型监管业务模型示例

职能域	监管场景（一级）	监管场景（二级）	监管场景（三级）	监管关注点（一级）	监管关注点（二级）	监管关注点（三级）
公司监管域	上市公司日常监管	信息披露监管	定期报告审查	财务风险	财务状况风险	存货风险
						在建工程风险
						商誉风险
						存贷双高风险
					盈利能力风险	收入匹配性风险
						毛利率波动风险
					现金流风险	现金流质量风险
					其他财务相关风险	会计政策、会计估计变更及会计差错更正
				经营风险	客户及供应商风险	客户及供应商关联风险
					对外担保风险	对外担保风险
					关联交易风险	关联交易风险
					资本运作风险	资本系风险
				公司治理风险	内部控制有效性	内部控制有效性
					股权结构稳健性	股权结构稳健性风险
					董监高异常变动	董监高异常变动风险
		公司治理监管	公司治理监管	基本情况	股权结构	实际控制人情况
					董事会结构	董事会结构
					高级管理人员结构	高级管理人员结构
				组织机构的运行和决策	"三会"运行和决策情况	股东大会会议召开情况
					股东、董监高情况	股东权利保护情况
				控股股东、实际控制人及关联方	控股股东、实际控制人行为规范	人员独立性
					关联交易	完整识别关联方
					资金往来与对外担保	资金占用行为

3. 建立职能域分析模型

职能域分析模型是在厘清数据型分析型业务领域、场景和监管关注点的基础上构建的模型，将监管关注点背后的指标体系和分析方法对应起来（具体格式详见本章表4.5.19）。

1）提炼监管指标体系

在明确了分析领域、应用场景和监管关注点后，需要将应用场景、监管关注点对应的数据分析方法和工具与监管指标体系对应起来，搭建起监管业务与科技手段之间的桥梁。从监管实践看，监管业务部门多年以来主要是基于传统经验，通过构造先验的风险指标体系来支持监管。在日常监管活动中，不同的业务场景下常常有一些基于业务经验构建的指标体系，在构建职能域分析模型过程中，需将相关的指标体系按照分析领域、应用场景、监管关注点进行分析、梳理和提炼，以便于后续补充完善职能域的数据模型、功能模型和用户模型。基于上文数据型分析型监管业务模型示例，进行监管业务指标的梳理，具体如表4.4.6所示。

表 4.4.6　监管业务指标（示例）

监管场景 （三级）	监管关注点 （一级）	监管关注点 （二级）	监管关注点 （三级）	业务指标
定期报告审查	财务风险	财务状况风险	存货风险	存货跌价准备占存货账面余额比例
			在建工程风险	近三年工程进度均在（*,*）之间的重大在建工程数量
			商誉风险	商誉占期末净资产比例，报告期内是否存在业绩承诺未达成情形
			存贷双高风险	货币资金占总资产比例，有息负债占总资产比例
	经营风险	客户及供应商风险	客户及供应商关联风险	主要客户是否与公司存在未披露的疑似关联，主要供应商是否与公司存在未披露的疑似关联
		对外担保风险	对外担保风险	对外担保总额占净资产比例，关联担保占担保总额比例，是否存在对外担保逾期
		关联交易风险	关联交易风险	超过或获批额度的与日常经营相关的关联交易数量
		资本运作风险	资本系风险	资本系内的其他上市公司被有权机构立案调查的数量，近一年内资本系内其他公司违约的债券数量
	公司治理风险	内部控制有效性	内部控制有效性	内控自我评价报告是否非整体有效，控股股东及其一致行动人股权被冻结比例
		股权结构稳健性	股权结构稳健性风险	是否变更实际控制人
		董监高异常变动	董监高异常变动风险	财务总监是否频繁更换，财务总监是否存在长期空缺

续表

监管场景（三级）	监管关注点（一级）	监管关注点（二级）	监管关注点（三级）	业务指标
公司治理监管	基本情况	股权结构	实际控制人情况	实际控制人能够实际支配的上市公司有表决权股份总数占上市公司有表决权股份总数的比例
		董事会结构	董事会结构	非独立董事数量
		高级管理人员结构	高级管理人员结构	经理是否由董事长兼任
	组织机构的运行和决策	"三会"运行和决策情况	股东大会会议召开情况	共计召开临时股东大会次数
		股东、董监高情况	股东权利保护情况	是否发生过股东提案被拒绝提交股东大会的情形
	控股股东、实际控制人及关联方	控股股东、实际控制人行为规范	人员独立性	控股股东、实际控制人是否存在上市公司高级管理人员在控股股东单位兼职的情形
		关联交易	完整识别关联方	持有上市公司5%以上股份的法人或者其他组织及其一致行动人数量
		资金往来与对外担保	资金占用行为	上市公司与控股股东及其关联方的资金往来中，为控股股东及其关联方垫支工资、福利、保险、广告等期间费用，或互相代为承担成本和其他支出金额

2）提炼分析方法和工具

在梳理完监管指标体系后，监管人员需拓宽数据分析方法和工具，及时发现上市公司潜在风险，故需要针对监管业务场景、关注点与指标体系匹配相应的分析方法和工具。基于上文的数据型分析型业务模型，继续下钻并匹配相应的分析方法和工具。

其中分析方法和工具可以从主流的数据分析方法中匹配对应的内容。依据监管目标和关注点选择适合实体与属性四大信息分类[①]的对应分析方法与工具，常用算法归类如表4.4.7所示。同时，按照数据分析深度可划分为三个层次，即描述性分析、预测性分析和规则性分析。其中，描述性分析基于数据特征来描述发生的事件，预测性分析用于预测未来事件发生的概率和演化趋势，规则性分析则是用于提高决策分析和制定的效率。

---

① 汇总分析方法与工具，均具有两种表现模式，一是特定属性的实体，其关注重点在实体；二是特定实体的属性，关注重点在属性。同时，可根据实体与属性的多寡组合分为四大类别，即第一类为单一实体单一属性，第二类为单一实体多个属性，第三类为多个实体单一属性，第四类为多个实体多个属性。

表 4.4.7 常用算法分类

分类	算法名称
i 类	时序图或折线图、变化量和变化率、移动平均法、指数平滑法、平稳性检验（时序图、自相关图、DF 检验、ADF 检验、PP 检验、DF-GLS 单位根检验、KPSS 平稳性检验）、白噪声检验、ARMA 模型、异方差检验、ARIMA 模型、ARCH 模型、GARCH 模型、灰色预测、频数（率）分布表、条形图、帕累托图、饼图、众数、异众比率、分类数据的卡方检验、基于历史的 MBR 分析
ii 类	Granger 因果关系检验、协整检验、误差修正模型（ECM）、向量自回归模型（VAR）、斯皮尔曼等级相关系数、Kendall Rank 相关系数、列联表检验
iii 类	频数（率）分布表、直方图、茎叶图、箱线图、Q-Q 图（Q 代表分位数）、均值、中位数、众数、标准差、四分位差、极差、偏度和峰度、参数估计（点估计、区间估计）、参数假设检验、非参数假设检验（单样本 K-S 检验、符号检验、Wilcoxon 符号秩检验、两个独立样本的 Wilcoxon 秩和检验、多个独立样本的 Kruskal-Wallis 检验、Jonckheere-Terpstra 检验、Friedman 检验、二项分布检验、卡方拟合优度检验）、面板数据的平稳性检验（LLC 检验、HT 检验、Breitung 检验、IPS 检验、费雪式检验、Hadri LM 检验）、Web 页挖掘、粗集方法、覆盖正例排斥反例方法、云理论、图像分析和模式识别
iv 类	雷达图、热图、散点图（矩阵）、相关系数（简单相关系数、偏相关系数、复相关系数）、典型相关分析、主成分分析、因子分析、聚类分析（系统聚类法、K 均值聚类、模糊聚类、两步聚类）、判别分析（距离判别法、Fisher 判别法、Bayes 判别法、逐步判别法）、多维标度法、数据包络法、相关性检验、回归分析、异方差（图检验、BP 检验、White 一般性检验、Goldfeld-Quandt 检验）、序列相关（图检验、Durbin-Watson 检验、Durbin H 检验）、多重共线性（相关系数、方差膨胀因子）、内生性（豪斯曼检验、"杜宾–吴–豪斯曼"检验）、Poisson 对数线性模型、受限因变量模型（断尾回归模型、截取回归模型、样本选择模型）、断点回归（RDD）、空间计量（空间自相关、空间自回归模型、空间杜宾模型、空间误差模型）、感知机、K- 近邻算法、决策树回归、Adaboost、随机森林回归、梯度提升回归树（梯度提升机）、隐马尔可夫模型、条件随机场（CRF）、Bootstrap、马尔可夫链蒙特卡罗法（MCMC）、MapReduce、神经网络、粒子群算法、模拟退火算法、遗传算法、方差分析、离散选择模型（Logit 模型、Probit 模型）、层次分析法、对应分析、结构方程模型、多水平模型、朴素贝叶斯法、支持向量机、PageRank 算法、Apriori 算法、推荐系统、文本挖掘、图计算、人脸识别、图像分类、图像匹配、蚁群算法、协整检验、空间面板模型、倾向得分匹配法（PSM）、双重差分法（DID）、连接分析、OLAP 分析、空间分析方法、Web 页挖掘、粗集方法、覆盖正例排斥反例方法、云理论、图像分析和模式识别、地学信息图谱方法、NBC 算法、ANN 算法、链接预测、TF-IDF、文档频次方法、互信息、期望交叉熵、二次信息熵、信息增益方法、文本证据权、优势率、N-Gram 算法

从表 4.4.7 可以发现，用于数据分析的算法种类繁多，涉及分类、回归、聚类等，在不同的业务场景下选择一个合适算法不易。因此，在实际应用中，一般可采用启发式学习方式来研究，通常最开始会选择普遍认同的算法。

传统的统计分析方法可分为描述性统计和推断性统计，其优点是可计算出各种能反映总体数量特征的综合指标，并用图表的形式表示经过归纳分析而得到的各种有用的统计信息，能揭示客观事物内在的数量规律性，计算速度较快，耗时少。但其缺点是对数据量有一定的要求，且只能对大数据进行简单的统计和表层的推断，无法对数据进行深入的分析挖掘。传统的统计算法主要适用于对数据进行初步的统计分析，了解数据的分布情况和表面的特点。如对市场主体的行为和状态、市场行情进行统计分析，形成常规和专项的统计报表等。

人工智能算法可以分为监督学习和无监督学习，监督学习是从标注数据中学习模型的机器学习问题，是统计学习或机器学习的重要组成部分。主流的监督学习包含 K-近邻算法、线性回归、逻辑回归、贝叶斯分类器、支持向量机、决策树和神经网络。它们的主要用途都是用于对数据的分类和判别，但各自的原理和擅长的场景各不相同。无监督学习是从无标注的数据中学习数据的统计规律或者说内在结构的机器学习，主要包括聚类、降维、概率估计。无监督学习可用于数据分析或者监督学习的前处理。无监督学习是一个困难的任务，因为数据没有标注，也就是没有人的指导，机器需要自己从数据中找出规律。模型的输入在数据中可观测，而输出隐藏在数据中。

这些算法选择路径提供的建议只是近似于经验法则，可不完全照做，甚至可大胆地违反。此算法选择路径旨在提供一个起点，需要认识到，算法固然重要，但好的数据却要优于好的算法，设计优良的特征是大有裨益的。假如有一个超大数据集，那么无论使用哪种算法可能对分类性能都没太大影响，此时就可根据速度和易用性来进行抉择。具体的算法工具选择的思路图如图 4.4.5 和图 4.4.6 所示。

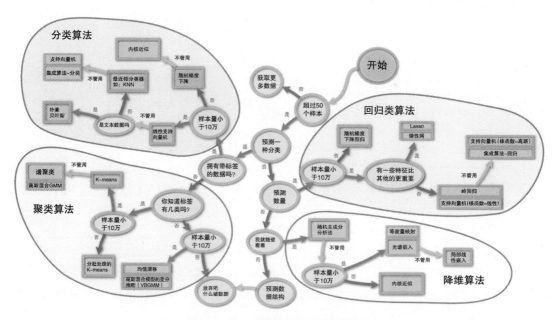

图 4.4.5　基于数据的算法工具选择思路
来源：Scikit-Learn 中文社区网站

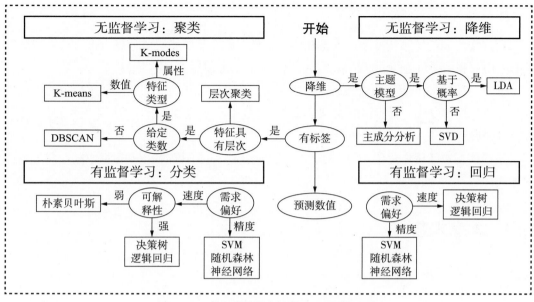

图 4.4.6　基于监管需求的算法工具选择思路

4. 补充完善职能域数据模型

为顺利开展数据型分析型业务建模,需要保障基础的数据支撑,明确了监管关注点、指标体系后,下一个关键步骤是数据的准备工作,一项监管业务的开展顺利与否与底层的数据支撑有重大的关系(具体格式详见本章表 4.5.20)。

证券期货业按照"主体-行为-关系"(简称 IBR)总体设计方法,以证券期货行业相关法律法规、部门规章、业务规则、指导性文件等为依据,以"交易""监管""披露"为主线,通过对资本市场各类业务活动进行遍历,对关键业务流程和数据要素进行识别,形成一系列具有通用性、稳定性和扩展性的数据集合,其成果是技术人员与业务人员之间沟通的有效工具,帮助促进信息整合和知识积累,发挥信息价值,维持数据库稳定,有效提高应用开发的速度与质量。

基于监管业务分析所需的数据内容,匹配相应的主题数据库和数据实体,在管理型流程型业务的数据模型基础上完善数据模型表。

5. 补充完善职能域功能模型

按照工作分解结构自顶向下的分析方法,职能域功能模型可以采用以"系统—子系统—功能模块—功能点"四级结构来描述,每一个系统独立支撑完成一项或一类管理业务,由若干个支持相关业务的子系统组成,每一个子系统又由围绕着支持相应管理业务的多个功能模块构成,每一个功能模块又由若干个功能点组成。

6. 补充完善职能域用户模型

用户作为职能域系统的使用人员和参与人员,既在系统中提供信息,也通过系统获取信息,用户和系统角色的设置是系统建设规划中需要考虑的重要因素。

通过对职能域各业务场景、监管关注点及其关系的分析,厘清职能域用户角色、角色权限和角色授权方式,就能够形成职能域的用户模型。职能域用户模型可采用用户模型图、表格方式展示。

用户模型包括用户角色(用户分类)、角色权限(包括功能权限和数据权限)和角色授权方式。

4.5 本章规范

4.5.1 专业术语

1. 部门业务调研

调研职能域内各部门的处室划分、岗位设置、业务职能、单据报表等。

2. 职责分析

适用组织、岗位、功能、信息等对象类型,建立起分层次的模型。

3. 业务流程分析

梳理职能域的业务内容,分析每项业务流程的活动主体、活动内容和活动时序,绘制业务流程图,并采用"业务大类—业务过程—业务活动"的三层业务框架描述职能域业务模型。

4. 数据流分析

梳理职能域的信息流向,分析每项业务流程的输入信息、输出信息和处理信息,分析业务内部和外部之间的信息关联关系,绘制数据流图。

5. 实体

参与活动的对象,所有物理上存在的物体或参与活动的人或机构都可以被认为是一个实体。

6. 角色

实体在参与过程中担当的角色,可以由另一个角色审定。

7. 参与

联系角色与活动的纽带，它表示一个角色参与一次活动的方式。

8. 动作

业务过程中一个必须记录的活动。

4.5.2 格式标准

1. 职能域部门调研

职能域业务调研提纲和业务调研表格式如图 4.5.1~图 4.5.3 所示。

职能域业务调研提纲

职能域：	调查部门：	记录者：
时间：		地点：
参加人员	业务负责人：	
	信息中心：	

调研提纲：

1. 调研本职能域基本情况，机构、岗位设置情况。
2. 调研每项业务（定义为一个业务过程）包含的各个业务环节（定义为一个业务活动，原子不可再分解）及其属性。包括：
   1）业务过程名称、描述（工作内容、范围边界）
   2）业务活动名称、描述、时限、主办部门（岗位）、协办部门（岗位）
   3）业务活动之间的关联关系，包括每个活动的输入和输出之间的变化或关系是什么？从一个活动到下一个活动的条件是什么？从一个活动到下一个活动有无时间限制、是多少？
3. 调研每个业务环节中涉及的数据及数据属性。包括：
   1）业务活动涉及的数据内容（包括输入的数据及来源、存储的数据、输出数据及去向，如涉及外部职能域的需注明）、数据内容的格式类型（如有报表、单证、账册等固定格式用户视图的，需附附件）、数据量、采集方式
   2）业务数据之间的内在联系
   3）有无国家标准或部颁标准或其他标准
4. 现有信息系统使用状况。包括：
   1）基本情况：开发商、系统版本、开始运行时间等
   2）覆盖的业务范围、运行状况、与其他系统的衔接
   3）系统相关文档（数据结构）的收集
5. 调研数据服务需求。包括：
   1）数据查询服务需求
   2）数据统计、分析服务需求（如有固定报表格式，需附附件）

参考资料：

待办事宜：（待办事项名称、责任人、预订提交日、提交方式、联系方式）

本次提交资料列表：（资料名、提交人）

图 4.5.1 职能域业务调研提纲

业务过程名称（采用动词短语）	业务部分					
	业务活动名称	业务活动描述	时限	主办部门岗位	协办部门岗位	关联关系
业务过程描述						

填表说明：

填写目的：调研清楚本职能域涉及的业务，要从职能域的职责出发，识别定义业务过程，分析业务活动，明确是哪个部门负责完成这项业务工作。

a）**业务过程**：表达了职能分解为某一方面的工作事项，是具有高度关联的业务活动的集合。一般来说，一个业务过程只有一个对外的入口和对外的出口。由跨部门的岗位协作完成的业务过程，应特别标明协作的部门和岗位。

b）**业务活动**：功能分解后最基本的、不可再分解的最小的独立功能单元，是特定时空下的可测量结果，由确定的部门岗位承担。业务活动名称采用动词短语，一般保证动宾结构或主谓宾结构。

c）**部门岗位**：该业务活动目前由哪个部门岗位承担执行或协助执行。

图 4.5.2　业务过程调研表

业务过程名称（采用动词短语）	数据部分						
	输入		存储				输出
	来源	内容/格式	采集方式	内容/格式	生存期/记录数	遵循的数据标准	内容/格式	去向
业务过程描述							

填表说明：

填写目的：调研清楚业务过程，业务活动中产生、处理、传递和使用的各类数据情况。

a) **输入**：来源于其他活动的数据，需描述数据的来源、内容、格式。

b) **存储**：需要本活动存储保留的数据，需描述数据的采集方式、内容、格式、数据量、遵循的数据标准。

c) **输出**：去向其他活动的数据，对外提供数据服务，需描述数据的内容、格式、去向。

d) **数据量（生存期/记录数）**：生存期是指该信息支持流程运作的有效时间，并不是指信息保存期。

图 4.5.3　业务过程数据部分调研表

2. 职能域部门业务识别

先根据职能域的具体业务范围，相关调研情况，获取到职能域涉及的部门，填表完成。格式如表 4.5.1 所示。

表 4.5.1　职能域-部门职责表

职能域名称	职能域描述	职能域涉及部门	部门职责

通常部门有对应的组织架构、岗位说明书等，从中提炼出岗位以及对应的职能域情况，填表完成。格式如表 4.5.2 所示。

表 4.5.2　部门-岗位职责表

部门	岗位	岗位职责	所属职能域

整合分析内容得到分析结果表，格式如表 4.5.3 所示。

表 4.5.3　公司监管职能域中的发行审核职能为分析

职能域名称	描述	岗位	岗位描述

3. 监管场景识别

监管场景的关注要点及其重要程度清单，其中重要程度应综合考虑关注点的业务重要度和发生频率。格式如表 4.5.4~表 4.5.7 所示。

表 4.5.4　监管场景识别

监管场景	监管业务

表 4.5.5　监管关注点重要程度标准判断

监管关注点重要程度	评断标准	对应管理方案
高	业务部门重点关注或有效性强，且发生频率较高的风险点	优先进行数据可获得性、技术可实现性评估，优先形成数据分析产品，优先纳入后续系统开发需求
中	偶有发生但有一定影响的风险点	在完成高重要度指标后，进行需求评估及排期开发
低	法律法规或业务部门要求，但实际发生频率较低且影响较小的风险点	持续跟进，其重要度转为更高等级时进行需求评估及排期开发

表 4.5.6　上市公司信息披露监管关注点示例

监管关注点	监管关注点释义	重要度

监管关注点对应的法律法规，细化至具体的法律条文，格式如表 4.5.7 所示。

表 4.5.7　上市公司信息披露监管依据示例

监管场景	监管关注点	监管依据

与监管关注点紧密相关的监管案例，格式如表 4.5.8 所示。

表 4.5.8　上市公司信息披露监管案例示例

监管场景	
监管关注点	
监管案例	

4. 监管场景识别交付物

将监管场景中识别的内容进行匹配和对应，形成职能域监管场景的汇总表，格式如表 4.5.9 所示。

表 4.5.9　职能域监管场景汇总表

职能域	监管场景	监管目标	监管关注点（可多级）	监管关注点释义	监管依据	监管案例
职能域 1	监管场景 1		关注点 1			
			关注点 2			
	监管场景 2					
	……					

5. 业务数据识别

汇总成表，格式如表 4.5.10 所示。

表 4.5.10　职能域业务数据汇总表

职能域	业务对象	实体	属性	数据来源	数据格式	数据采集方式	数据存储方式	输入方式	输出方式
职能域 1	业务对象 1	实体 1	属性 1-1						
			属性 1-2						
		实体 2	属性 2-1						
	业务对象 2								
	……								

6. 职能域业务流程分析

格式如表 4.5.11 所示。

表 4.5.11　流程识别

业务过程	实体	业务活动	业务活动描述

7. 管理型流程型业务

按照"业务大类—业务过程—业务活动"三层结构描述其业务，格式如表 4.5.12 所示。

表 4.5.12　职能域业务模型

编号	业务一级分类	业务二级分类	业务过程	业务活动

1）提炼数据模型

格式如表 4.5.13、表 4.5.14 所示。

表 4.5.13　流转数据集表

数据类别	数据名称	数据说明

注：

数据类别：描述数据的形式。

数据名称：对数据内容命名，在数据流分析中，这些数据表格是为了清楚地表达数据之间的流转关系，可以不在这个阶段标准化。

数据说明：对数据的用途、内容等进行描述。

表 4.5.14　数据模型表

主题数据库	数据主题	数据实体
主题数据库 1	数据主题 1-1	数据实体 1-1-1
		数据实体 1-1-2
		……
	数据主题 1-2	数据实体 1-2-1
		数据实体 1-2-2
		……
……	……	……

2）提炼业务功能

业务功能模型如表 4.5.15 所示。

表 4.5.15　行政许可业务功能模型示例

系统	子系统	功能模块	功能点

3）提炼用户分类

用户模型格式如表 4.5.16 和表 4.5.17 所示。

表 4.5.16　职能域用户模型表

用户角色（用户分类）	角色权限		角色授权方式
	功能权限	数据权限	

表 4.5.17　公司监管域中用户模型示例

序号	用户分类	访问内容

8. 数据型分析型业务

数据型分析型业务模型采用"分析领域—应用场景—监管关注点"三层结构来描述，格式如表 4.5.18 所示。

表 4.5.18 数据型分析型监管业务模型

职能域	监管场景（一级）	监管场景（二级）	监管场景（三级）	监管关注点（一级）	监管关注点（二级）	监管关注点（三级）

1）建立职能域分析模型

格式如表 4.5.19 所示。

表 4.5.19 监管业务指标

监管场景（三级）	监管关注点（一级）	监管关注点（二级）	监管关注点（三级）	业务指标	分析方法和工具

2）补充完善职能域数据模型

格式如表 4.5.20 所示。

表 4.5.20 监管业务分析支撑数据

监管场景（三级）	监管关注点（三级）	业务指标	分析所需数据

第 5 章 监管业务全域综合设计

全域综合设计是在各职能域详细分析与局部建模的基础上,从整个机构的角度重新审视全局信息流,并从全局一体化的视角研究和分析机构的业务、功能、数据、分析、用户和权限的关系,建立或完善机构的各个全域模型。监管业务全域综合设计是监管科技工程方法"总—分—总"三个阶段中的最后一步,也是最关键的一步工作。在这个阶段,将通过自底向上汇总、归纳、提炼、抽象等方法完成信息系统建模工作。同时,这一阶段还要不断发现、修正总体分析和职能域分析的问题,进行多次迭代螺旋上升,从而完成监管科技工程体系建设的工作。具体来说,就是通过"优化完善主线业务分类、全域视角业务模型设计、全域视角数据模型设计、全域视角分析模型设计、全域视角功能模型设计、全域视角用户模型设计"六个步骤完成。

此外,对于管理体系较复杂的机构,可以在较粗粒度上把重要用户角色与全域功能模型中的功能进行关联,建立用户视图;把机构部门设置与全域功能模型、全域数据模型关联起来,建立机构视图。

5.1 优化完善主线业务分类

在总体分析环节中,初步对机构的主线业务按主体、按客体、按主观、按客观进行分类,形成主线业务模型。经过职能域分析,进一步明确各职能域管理型流程型和数据型分析型业务列表。先对职能域业务列表中的业务按主体、按客体、按主观、按客观进行汇总、去重、合并、重组,对业务活动紧密程度进行归纳,与主线业务模型对照,查漏补缺,优化完善主线业务分类的定义和范围,最终形成全域主体分类、全域客体分类、全域主观分类、全域客观分类。本模块的输入是职能域模型,输出是全域主线业务分类列表,见表 5.1.1。

表 5.1.1 全域主线业务分类列表示例(以证监会全域主线业务为例)

分类维度	一级分类	二级分类	三级分类
监管时序视角	事前监管	许可	形式审查
			实质审查

续表

分类维度	一级分类	二级分类	三级分类
监管时序视角	事中监管	统计监测域	市场统计监测
			投资者统计监测
			发行主体统计监测
			产品统计监测
			证券经营机构统计监测
			证券服务业务统计监测
		风险监测域	市场风险监测
			发行主体风险监测
			证券经营机构风险监测
			产品风险监测
			证券服务业务风险监测
	事后监管	违规识别域	投资者违规识别
			发行主体违规识别
			产品违规识别
			证券经营机构违规识别
			证券服务业务违规识别
		稽查支持域	资金核查
			账户关联核查

5.2 全域视角业务模型设计

全域视角的业务模型设计是在职能域分析基础上的归纳、总结和重组，主要任务是使用简明扼要的形式揭示相关概念、方法以及业务间的内在联系，使繁多的业务变得精练且条理化、形象化，杂乱的结构变得有序化、系统化。

5.2.1 全域业务流程设计

全域业务流程设计旨在对职能域的业务流程进行全面梳理和系统化分析，提炼出业务的主要信息流。对每一项职能域的业务与其他职能域之间业务的交互关系进行分析，理顺职能域之间的业务关系，分析主线业务数据流是否通畅、完备、合理，并对业务流程进行设计，形成畅通、闭合的、全链条的业务流程，实现业务之间的无缝衔接。

全域的业务流程是跨组织的流程，相较于职能域内的业务流程，具有更多涉众[①]的特

---

① 涉众指与业务相关的一切人和事。

点，更强调规范化和系统化，也更关注职能域之间的交互和业务的闭环。全域业务流程分析可以大致分为业务流程的规范化和业务流程的重组两个阶段。

1. 业务流程规范化

通过对职能域业务流程的汇总、去重、合并，形成全面的、整体的、规范的业务流程，关键在于厘清业务流程各阶段，以及不同角色之间的关系。

流程汇总和规范化：业务流程在全局来讲应该是唯一的，因此汇总所有的业务流程，对流程合并，再进行标准的命名和编号，形成业务流程集合。

流程合并：一个闭环的业务流程包含多个职能域内的业务流程，此时需要汇总相关的几个职能域，并梳理业务流程执行信息、不同团队交互的详细信息，记录业务流程中交互的信息流。通过交互关联关系，可以清楚地看出各职能域之间的交互情况。将有交互的职能域提出来，按照二维泳道图进行可视化表示，包括两个维度：业务分类、业务负责人/部门。

2. 业务流程重组

由于部门之间、各业务条线之间缺少沟通，设计不完善等原因，在业务流程中可能包含大量效率不高、产出价值不高的流程，此时需要对业务流程进行优化。

业务流程重组（business process reengineering，BPR）最早由美国的迈克尔·哈默和詹姆斯·钱皮提出，通常定义为通过对企业战略、增值运营流程以及支撑它们的系统、政策、组织和结构的重组与优化，达到工作流程和生产力最优化的目的。业务流程再造，就是对企业的业务流程进行根本性的再思考和彻底的再设计，从而获得可以用诸如成本、质量、服务和速度等方面的业绩来衡量的成就。其中，"根本性""彻底性"和"流程"是该定义所关注的核心特征。

业务流程重组强调以业务流程为改造对象和中心、以关心客户的需求和满意度为目标，对现有的业务流程进行根本的再思考和彻底的再设计，从而实现机构在成本、质量、服务和速度等方面的突破性的改善。近几年各大企业相继开展的数字化转型也将业务流程重组作为转型的重要落脚点。

业务流程重组强调整体流程最优化，流程中的每个环节实现最大价值，尽可能地减少重复环节。通过资源的整合、优化，使业务的成本、服务和效率方面得到改善，强调面向业务进行流程的整合，而不是面向某个部门进行整合。在业务流程梳理时会发现，一条完整业务线贯穿多个部门、多个业务岗位、多个职能域，最后形成业务闭环。

流程的重组通常可以通过流程诊断、流程优化几个自下而上的步骤完成。

第一步，流程诊断。分析核心流程存在的问题，发现流程中的重复环节、不必要的活动、不需要的文件。这一步通常要借助于流程工具或者数据分析工具，一是使流程可视化，二是增加流程的数据分析，发现流程改进点，通过工具从真实的业务系统中提取相关信息，以及信息之间的传递的情况，用于展示流程和分析流程。

第二步，流程优化。剔除不合理的流程、缩减冗余重复的流程。本阶段，不同业务部门或业务领域的相关团队必须相互沟通，共同确定共享流程，确定冗余之处，并明确共享的信息和专业知识在哪些方面可能是有益的。随着业务流程优化策略的继续实施，将会促进这种团队的协作。

5.2.2 全域业务实体属性划分

业务实体[①]和业务属性[②]，是UML（Unified Modeling Language）建模中的核心元素。业务实体的属性很多，通常不需要全部列举，而是在特定的场景下进行面向对象抽象。全域业务实体属性划分旨在为各项业务实体形成多维的、可用的、好用的属性标签。

全域业务实体属性划分可以采用"职能域—业务分类—业务主题—业务对象—业务实体—属性分类—业务属性"的表现形式，形成相互之间的关联关系。在进行全域的业务实体汇总合并时，根据业务实体对业务目标是否有贡献，从众多的实体中挑选出符合的对象和属性，删除无贡献属性。

业务实体的属性通常按照内容进行划分，例如跟任务相关、跟状态相关、跟时间相关等。划分的核心，一是对业务实体和业务属性的分类，二是对业务、对象、实体等关联关系的分析，最后形成全域业务实体列表。

5.2.3 全域业务模型归纳

全域业务模型是一个框架模型，是全面、详细描述的概要模型，是对企业的全局业务的抽象描述，包括职能域、业务分类、业务活动、业务过程等方面。与职能域业务模型相对应，分别形成全域管理型流程型业务模型和数据型分析型业务模型。全域业务模型是应用架构设计的基础，意义在于通过归纳、去重、提取公约数，促进业务的共享。全域的业务模型更强调规范化、系统化。一般采用"职能域—业务分类—业务活动—业务过程"结构的描述方式，清楚地表达业务组成和业务之间的关系，反映了该机构的业务结构。业务模型的归纳分为全域的业务模型汇总与去重、业务模型优化以及全域业务模型规范化三个步骤。

1. 业务模型汇总与去重

在职能域的业务模型基础之上，汇总细化的业务模型分类、业务活动等，在多个职能域之间，对每项业务流程的活动主体、活动内容和活动时序进行关联、归纳、整合，去除重复的业务活动，进行归类和合并同类项。

---

① 业务实体，是代表业务角色执行业务过程时所使用的"事物"，通常业务实体描述了用什么来达到业务目标或者通过什么来记录业务目标。
② 业务属性，是用来保存业务实体特征的一项记录。

2. 全域业务模型优化

对相同的基础类业务（如认证、审批等）进行归类，抽出公共的成分；依据前文中的分类，参考主线业务流程，对业务模型进行归类，建立层次化的全域管理型流程型业务模型。对类似监管场景的、类似监管关注点的、类似分析方法和工具的业务模型等进行汇总，参考主线业务流程，对业务模型进行合并归类，建立层次化的全域数据型分析型业务模型。

3. 全域业务模型规范化

基于对监管体系主线监管业务进行分类，通过业务流程分析，梳理职能域业务内容，对每项业务流程的活动主体、活动内容和活动时序进行关联、归纳、整合，建立管理型流程型监管业务模型（具体格式详见表5.7.2和表5.7.3）。

证监会管理型流程型监管业务模型划分为以下几个业务大类（见图5.2.1）：一是政策法规，包括制定有关证券期货市场监督管理的政策、法律法规和规则；二是公司监管，包括对上市公司、挂牌公司在资本市场融资的全生命周期进行监管，对上市公司、挂牌公司的信息披露进行监管，并对上市公司、挂牌公司的证券违法行为进行查处；三是机构监管，包括对证券公司、基金公司、期货公司、私募机构等机构及其业务活动的监管；四是市场监管，包括对证券市场、债券市场、期货市场、场外市场及各类证券期货交易场所、登记结算机构等进行监管和风险处置；五是服务监管，包括对证券期货服务机构的备案管理及其证券期货业务活动进行监管；六是行为监管，包括对证券期货违法行为进行监管和处置；七是稽查处罚，包括对各类证券期货违法违规案件的稽查与处罚；八是其他专项工作，包括对投资者保护工作的开展、清理整顿各类交易场所、反洗钱等；九是内部管理，包括党建、行政、组织

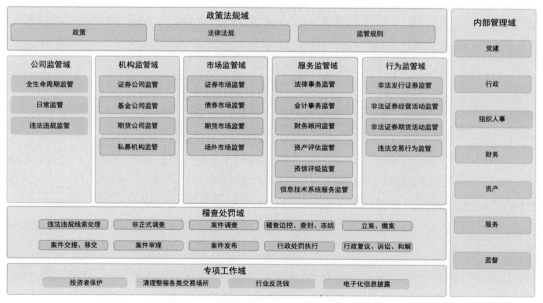

图 5.2.1 管理型流程型监管业务模型示例

人事、财务、纪检监督等证监会内部管理服务工作。上述归纳过程中，形成全域管理型流程型分类树和模型图。业务模型可以采用"业务大类—业务过程—业务活动"三层结构来描述，每一类业务都由若干个关联的业务过程组成，每一个业务过程又由围绕着某一项管理业务的多个业务活动构成。基于模型图 5.2.1 形成模型示例，详见附录 A。

同样以证监会监管业务为例，围绕各个业务领域的监管事项关注点，特别是对于共性监管事项进行综合分析，归纳、整合应用分析场景和相关数据分析需求，建立数据型分析型监管业务模型。

证监会数据型分析型监管业务按照分析对象与分析方法的聚类，归并为 5 个分析域及 25 个分析业务类。一是统计分析域，包括市场统计监测、发行主体统计监测、基金统计监测、证券经营机构统计监测、证券服务机构统计监测和投资者统计监测；二是市场风险监测域，包括系统性风险和风险传染监测、信用风险监测、流动性风险监测、产品风险监测和涉稳风险监测；三是主体风险监测域，包括规范运作违规识别、信息披露违规识别、财务风险监测、经营机构风险监测、服务机构风险监测和公司风险监测；四是行为监管分析域，包括非法发行证券监测、非法证券经营活动监测、违法交易行为监测和非法证券期货活动监测；五是基础分析能力域，给其他分析域提供基础的分析能力，包括财务分析、舆情分析、账户关联分析和金融文档分析，如图 5.2.2 所示。

图 5.2.2　全域数据型分析型业务分类示例

数据型分析型监管业务模型可以采用"分析领域—应用场景—监管关注点或主体数据描述"三层结构来描述,每一个分析领域都包含若干个相关的应用场景,每一个应用场景又由多个监管关注点组成,见表 5.2.1。

表 5.2.1 数据型分析型监管业务模型示例

分析领域		应用场景	监管关注点或主体数据描述
统计分析域	市场统计监测	股票市场统计监测	从品种、账户、行为、资产、监管等多个维度对市场情况进行统计分析
		债券市场统计监测	
		基金市场统计监测	
		期货市场统计监测	
		场外市场统计监测	
		跨市场统计监测	
	发行主体统计监测	拟上市公司统计监测	从主体、行为、财务、披露、监管、资产、账户等多个维度进行分析
		上市公司统计监测	
		公众公司统计监测	
		债券发行人统计监测	
	基金统计监测	公募基金统计监测	
		私募基金统计监测	
		资管计划统计监测	
	证券经营机构统计监测	证券机构统计监测	
		基金公司统计监测	
		期货公司统计监测	
		私募基金管理人统计监测	
	证券服务机构统计监测	会计师事务所日常监管	
		律师事务所日常监管	
		信息技术系统服务机构	
	投资者统计监测	投资者统计监测	
市场风险监测域	系统性风险和风险传染监测	系统性风险和风险传染监测	从市场结构、市场波动、资产联动、资金流动等多个维度进行分析

续表

分析领域		应用场景	监管关注点或主体数据描述
市场风险监测域	信用风险监测	信用风险监测	从负债规模、债券违约、股票质押爆仓、融资融券违约、结构化产品违约等多个维度进行分析
	流动性风险监测	流动性风险监测	从利率走势、利差变化、成交量、换手率等多个维度进行分析
	产品风险监测	交易风险监测	从杠杆、持股集中度、换手率、市场冲击等多个维度进行分析
		资金池风险监测	从借新还旧等维度进行分析
		操作风险监测	从产品报告错误等维度进行分析
		重点领域风险监测	从投资非标业务、明股实债等多个维度进行分析
	涉稳风险监测	涉稳风险监测	从投资者画像、投资者情绪等多个维度进行分析
主体风险监测域	财务风险监测	上市公司财务风险监测	从财务结构、营运能力、偿债能力、盈利能力、成长能力、财务规范性等多个维度进行分析
		公众公司财务风险监测	
		债券发行人财务风险监测	
	信用风险监测	上市公司信用风险监测	从股票质押爆仓、担保风险等多个维度进行分析
		公众公司信用风险监测	
		债券发行人信用风险监测	从债券违约等维度进行分析
		证券经营机构信用风险监测	从风险监管指标、资本管理等多个维度进行分析
	经营机构风险监测	上市公司经营风险监测	从客户供应商集中度过高、客户及供应商经营风险、投资风险、主要资产和核心技术权属、关联方风险、财产冻结、行业风险等多个维度进行分析
		公众公司经营风险监测	
		债券发行人经营风险监测	
		证券经营机构经营风险监测	从业务管理、客户管理、信息技术管理、公司治理与内控等多个维度进行分析
		证券服务机构经营风险监测	从专业胜任能力、质量控制和内部治理、执业质量、高风险业务等多个维度进行分析
	诚信分析	拟上市公司诚信分析	从公司及关键少数受到行政处罚、行政监管措施、自律管理、被立案、工商异常、投诉举报、被列为被执行人、诉讼仲裁等多个维度进行分析
		上市公司诚信分析	
		公众公司诚信分析	
		债券发行人诚信分析	
		证券期货基金经营机构诚信分析	从机构受到司法处罚、自律管理、工商或司法异常、所管基金工商或司法异常、投诉举报、行政监管措施、交易所纪律处分、被列为被执行人等多个维度进行分析
		证券期货基金服务机构诚信分析	

续表

分析领域		应用场景	监管关注点或主体数据描述
主体风险监测域	舆情监测	舆情监测	从负面舆情、股票与异动行情、舆情趋势等多个维度进行分析
行为监管分析域	内幕交易违规识别	内幕交易违规识别	对内幕交易进行分析
	操纵市场违规识别	操纵市场违规识别	对操纵市场进行分析
	欺诈客户违规识别	欺诈客户违规识别	对欺诈客户进行分析
	虚假陈述违规识别	虚假陈述违规识别	对虚假陈述进行分析
	其他违规行为违规识别	其他违规行为违规识别	对其他违规行为进行分析
基础分析能力域	财务分析	整体异常评估	对财务整体异常进行分析
		收入与成本构成分析	从收入与成本构成维度进行分析
		暴力挖掘分析	采用暴力挖掘方式进行分析
		财务舞弊分析	对财务舞弊进行分析
		财务风险分析	对财务风险进行分析
	舆情分析	实体信息丰富	从地址信息丰富、亲属关系丰富等多个维度进行分析
		实体信息冲突检测	
		趋势判断	从投资者情绪、投资者交易偏好、市场走向预测等多个维度进行分析
		违法违规线索分析	从黑嘴识别、非法机构等多个维度进行分析
		实体风险分析	从经营行为风险、诚信评价、观点一致性等多个维度进行分析
	账户关联分析	账户关联分析	采用社区发现、社区稳态分析、辅助验证等多种方法分析
	金融文档分析	金融文档语义理解	从实体识别、关系识别、属性识别等多个维度进行分析
		信息披露文档合规性分析	从信息披露完备性、信息披露一致性等多个维度进行分析

5.3 全域视角数据模型设计

全域数据模型建立在全域业务模型的基础之上，通过对职能域数据模型的汇总和分析建立。全域视角数据模型设计主要目的是以下三点：

第一，建立机构数据模型，识别主题域、业务实体、控制实体元素之间的业务规则，以及若干重要的业务数据属性。

第二，进行信息价值链分析，使数据模型组件（主题域或业务实体）与业务流程及其他企业架构组件相一致，这些组件可能包括组织、角色、应用、目标、战略、项目和技术平台。

第三，相关数据交付的架构，包括数据技术架构、数据整合架构、数据仓库/商务职能架构、企业对内容管理的分类方法，以及元数据架构。

数据模型建立通常是通过面向主题的数据整合，定义跨越各职能域的关键数据，按照层级关系建立，可划分为数据主题域视图、概念数据模型视图、逻辑数据模型视图和物理数据模型视图。

数据主题域视图：由各职能域按照业务耦合程度聚合出不同的主题，描述各主题之间的关系。

概念数据模型视图：展现各主题下的数据实体，以及数据实体之间的关联关系。

逻辑数据模型视图：对数据实体进行细化，明确数据实体所包含的属性，以及各属性的类型、长度、关联关系等。

物理数据模型视图：结合具体的数据存储方式（如数据库），确定具体的数据的类型、长度、主外键关系、索引、冗余度等信息，成为可以实施的模型。

全域视角数据模型设计通常采用基于实体关系图的概念数据模型或逻辑数据模型进行描述。全域视角数据模型设计可通过两个步骤进行：全域数据流设计和全域数据模型设计。

5.3.1 全域数据流设计

全域数据流分析包括职能域间信息关联分析、主线业务数据流分析、全域数据流图绘制三部分。职能域间信息关联分析主要汇总各职能域的输入、存储和输出数据流，分析职能域间信息的关联关系；主线业务数据流分析主要分析主线业务数据流转是否通畅和闭合；全域数据流图绘制主要以规划者的视角，基于机构的战略规划，对主线业务进一步抽象，绘制出全域数据流图（图 5.3.1）。

1. 全域数据流设计的主要作用

全域数据流设计是在整合所有职能域的数据流转过程，并基于机构的整体业务进行的汇总、梳理、整合和规划，能够帮助组织者从宏观角度理解业务流程，同时又保留了数据流转的细节，能够帮助人们更精确地思考和交流。全域数据流设计的主要作用如下：

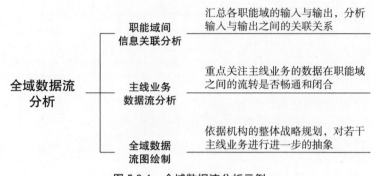

图 5.3.1　全域数据流分析示例

1）有效整合数据和流程

全域数据流设计汇总了所有职能域的数据流转过程，结合全域业务模型，汇总、去重、合并、重组后得到，能够有效地整合机构内部的数据和流程，形成总体视角，更有利于系统的建设和规划。

2）保持信息系统与战略规划一致

全域数据流设计可以提供一个宏观视角，让信息系统的规划者从宏观角度，结合机构现状及未来规划，综合考虑信息系统建设与机构战略规划的协同程度，从而更有效实施信息系统建设。

3）有效地使用和协调资源

全域数据流设计在汇总各职能域数据流程的基础上，根据全域业务模型，对数据流程进行了合理有效的去重、合并和重组，能够更有效地使用和协调资源。

4）改善沟通成本

全域数据流设计能够让系统规划人员从宏观角度了解数据流转过程，更好地认知全域业务模型，从而减少业务人员与技术人员的沟通成本。

5）为业务流程改进提供指引

全域数据流转的分析过程，能够帮助管理人员发现业务规划过程中的问题，更合理地规划职能域的业务过程，提出更有效、更合理的职能域业务流程规划和全域业务模型，减少系统建设的冗余和重复，使系统间的信息流转更加顺畅合理。

2. 职能域间信息关联分析

职能域间信息关联分析主要通过汇总职能域的输入和输出，分析输入和输出之间的关联关系（具体格式详见表 5.7.4）。职能域间信息关联分析主要的目标如下：

1）初步确定主题域及概念数据模型

通过对职能域业务的调研分析，对职能域的业务流程及其所包含的实体和活动均已明确。职能域间信息关联分析主要是通过汇总职能域的业务流程及其相关的实体和活动之间的关系，初步划分机构的主题域，并通过对主题域内包含的实体及实体间的关系，初步形成概念数据模型的过程。

主题域可根据业务需要进一步分解细化。

2）明确职能域间数据交互的关系

在对职能域间信息关联分析的过程中，对职能域间存在信息交互的，还需明确职能域间信息交互的情况。包括但不限于：

（1）交互的数据，涉及的数据实体、数据格式和规范；

（2）交互数据的质量要求；

（3）数据交互的方式，交互采用通信协议；

（4）数据的时效性要求；

（5）数据交互的时序，职能域间的关联关系；

（6）数据交互的安全要求，交互的数据是否涉密，是否满足安全规范。

职能域间数据交互关系采用图形的方式表示，见图5.3.2。

图 5.3.2　职能域间数据交互关系图示例

3. 主线业务数据流分析

主线业务数据流分析重点是关注主线业务数据在职能域间的流转是否畅通和闭合。在职能域间信息关联分析的基础上进行分析，汇总职能域的数据实体及其关系，并能够从宏观层面观察职能域间数据的交互情况。

通过主线业务数据流分析，可以明确主题域中各数据实体及实体间的关系，基本确定数据的主题域模型和概念数据模型；并通过对主线业务中职能域信息关系和主线业务间数据关系的分析，实现对职能域数据流转的去重、合并和重组，从而提出对职能域数据流转过程的优化思路。

主线业务数据流分析确定的主题域数据模型，可以通过对"主题域实体关系"进一步细化获取。概念数据模型可采用图 5.3.3 的方式表示。

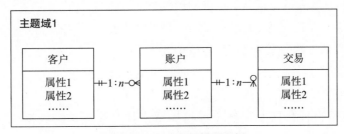

图 5.3.3　概念数据模型示例

4.绘制全域数据流图

在通过职能域间信息关联分析和主线业务数据流分析后,就可以进行全域数据流图的绘制。

全域数据流图是在汇总、去重、合并、重组各职能域数据流转过程的基础上进行的,并结合各主线业务的数据流程,能够从宏观角度了解机构内部数据流转情况,从而更好地了解业务规划的合理性和优化措施。

全域数据流图是关于主线业务流程的数据输入与输出的关系。全域数据流图绘制见图 5.3.4。

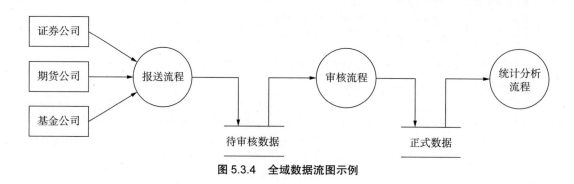

图 5.3.4　全域数据流图示例

5.3.2　全域数据模型设计

数据模型是对机构数据特征的抽象与概括,是客观事物及其联系的数据描述,反映了该机构的信息组织结构。当前信息系统建设通常采用关系数据模型进行数据结构的设计,因此全域数据模型设计采用基于实体关系图的概念数据模型或逻辑数据模型进行描述,从用户视角描述数据实体以及数据实体之间的关系。通过逻辑数据模型,可以很方便地转换为可供系统开发使用的物理数据模型。

全域数据模型的设计是在职能域数据模型设计的基础上汇总、去重、合并、重组而来。因此,设计时要基于全域业务模型进行。全域数据模型设计要基于以下原则:

(1)全域视角主题域视图梳理应当满足相关行业规范,以及机构内部就数据模型制定的规范,如《证券期货业数据模型》标准的规范要求。

(2)数据模型的制定要基于机构的业务,既要考虑业务也要考虑机构的发展需要。

(3)数据模型的设计要充分考虑数据安全要求。

(4)数据模型的设计需要充分考虑数据的使用要求,使用的人员、角色、业务场景,是否可以落地实施等。

全域数据模型设计包括全域概念数据模型设计和全域主题数据库设计两部分,如图 5.3.5 所示。全域概念数据模型设计,是依据"实体-关系"思想将层次数据模型转换的关系数据模型,是通过结构化组织和层级关系的描述建立的基于实体关系图的概念数据模型;全域主题数据库设计,是依据主题域进行的全域逻辑模型和物理模型的设计,主要规范数据主题、数据实体、代码集等的定义。

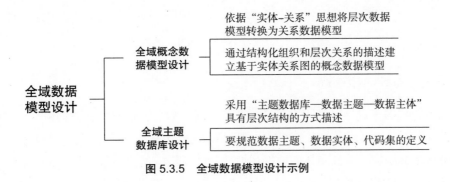

图 5.3.5 全域数据模型设计示例

1. 全域概念数据模型设计

概念数据模型主要用来定义业务实体以及业务实体之间的关系,不包括业务实体的具体属性,主要是为了促进人们对业务的理解,可以作为框架来指导信息系统的开发和整合。

概念数据模型反映了业务流程中的数据实体关系,不依赖于技术实现和使用环境。全域概念数据模型基于全域视角反映与业务流程和应用相关联的数据,模型的建立可以从某个主题域开始,逐步确定主题域内包含的对象,以及它们之间的关系,全域概念数据模型设计如图 5.3.6 所示。

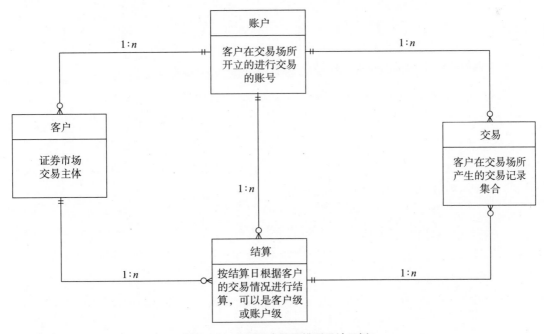

图 5.3.6 全域概念数据模型设计示例

1）实体

实体通常描述一个对象或一个时间，概念数据模型的实体描述的是关于数据收集的相关目标。概念数据模型的实体是相关主题域业务实体的实例化体现，可以是独立的，也可以与其他实体关联。

2）关联关系

概念数据模型的关系主要有一对一的关系、一对多的关系和多对多的关系。

2. 全域主题数据库设计

全域主题数据库设计是基于主题域（业务条线）划分，依据概念数据模型，将概念数据模型范式化和抽象化，逐步建立逻辑数据模型和物理数据模型的过程。逻辑数据模型在概念数据模型之上增加了业务实体的数据属性，涵盖了机构通用的数据需求和数据标准的定义。逻辑数据模型相比概念数据模型，规范化程度更高，更能反映机构整体视角。

全域逻辑数据模型在设计时，通常要满足数据模型设计的第三范式（3NF），即确保每一个实体没有隐藏的主键，并确保每个数据元素都不依赖主键之外的数据元素。在进行职能域业务流程及数据模型整合时，应尽量减少数据的冗余，根据业务的需要，保持适当的冗余性。

全域逻辑数据模型的设计同样需要考虑数据的安全性要求，同时要考虑数据模型中元数据的管理，确保数据的质量和可用性。

全域逻辑数据模型设计完成后形成全域逻辑数据模型的 E-R 图，见图 5.3.7。

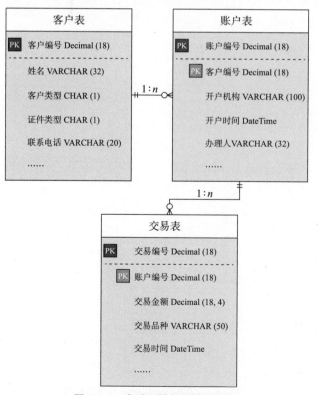

图 5.3.7　全域逻辑数据模型示例

将全域逻辑数据模型根据具体实施的数据库进行转换，可以很容易地将逻辑数据模型转换为实施的物理数据模型。在物理模型实施的过程中，既要考虑数据的安全性，还要考虑数据的可靠性，如数据库的部署方式、备份和恢复方案等。全域物理数据模型如图 5.3.8 所示。

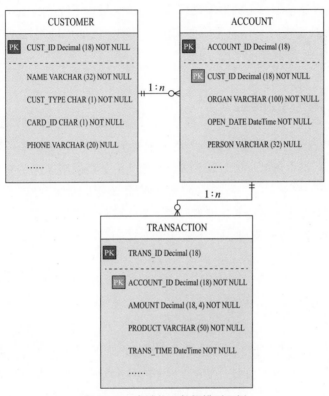

图 5.3.8　全域物理数据模型示例

5.3.3　全域数据模型设计交付物

全域数据模型设计的最终交付物包括全域概念数据模型、全域逻辑数据模型和全域物理数据模型三部分。

1. 全域概念数据模型

全域视角描述业务流程中的数据实体关系。可以帮助系统分析和实施人员更好地理解系统的业务，厘清业务涉及的实体以及实体之间的关系，作为全域逻辑数据模型建立的基础。

2. 全域逻辑数据模型

全域逻辑数据模型是基于逻辑关系将数据聚合成的实体-关系图。全域逻辑数据模型可以更好地说明数据内容、数据结构和数据的逻辑关系。通过全域逻辑数据模型可以很方便地建立全域物理数据模型。

3. 全域物理数据模型

物理数据模型基于逻辑模型建立，是逻辑数据模型基于特定数据库技术进行的转换，是系统实施的数据存储基础。全域物理数据模型的建立根据系统的实施规划需要建立。

全域视角数据模型设计是信息系统的实施的基础，能够帮助实施人员更好地摸清业务范围，更有效地完成业务系统的实施。

5.4 全域视角分析模型设计

全域分析模型的综合设计是在总体分析的框架下，在职能域分析模型的基础上，自底向上汇总、优化，从整个角度审视全局主线业务相关的分析模型。这一步主要是围绕各个业务领域和条线涉及的数据分析方法与工具，汇总合并监管指标体系，建立全域的分析模型。该模块的输入是数据型分析型业务建模下形成的职能域分析模型，输出为全业务分析领域的分析模型，汇总的数据型分析型业务监管需求和对应的分析工具，以及与其他全域模型的映射关系。

5.4.1 汇总各职能域分析模型

全域视角的分析模型设计是在职能域分析基础之上的归纳、总结和重组，主要任务是使用简明扼要的形式汇聚业务模型，使冗余繁多的数据分析指标、工具和方法变得精练且条理化，以便后续根据监管需求统一提炼和归类，进而建立起统一的全域分析模型。

对职能域下的各数据型分析型业务的监管关注点、相应的指标体系和对应的分析工具与方法，首先进行简单的汇总，涵盖各个职能业务领域的数据型分析型业务，形成待处理的分析模型池。

然后根据各分析模型的特点和类型进行简单的去重与合并，重组数据分析方法和工具，聚合监管指标体系，去除冗余的分析模型内容（具体格式详见表 5.7.5）。

5.4.2 归纳职能域监管需求和相关分析能力

1. 整体提炼监管主题和场景

根据职能域中各数据型分析型业务条线，归纳提炼出不同类型的监管主题以及其对应的不同监管场景，并按照不同的监管领域、监管类别和应用场景，构建形成监管关注框架，为后续细化监管关注点奠定基础。以证监会监管主题和场景为例，可构建监管关注框架示例见表 5.4.1。

表 5.4.1　监管关注框架

领域		监管场景
统计分析域	市场统计监测	股票市场统计监测
		债券市场统计监测
		基金市场统计监测
		期货市场统计监测
		场外市场统计监测
		跨市场统计监测
	发行主体统计监测	拟上市公司统计监测
		上市公司统计监测
		公众公司统计监测
		债券发行人统计监测
	基金统计监测	公募基金统计监测
		私募基金统计监测
		资管计划统计监测
	证券经营机构统计监测	证券机构统计监测
		基金公司统计监测
		期货公司统计监测
		私募基金管理人统计监测
	证券服务机构统计监测	会计师事务所日常监管
		律师事务所日常监管
		信息技术系统服务机构
	投资者统计监测	投资者统计监测
市场风险监测域	系统性风险和风险传染监测	系统性风险和风险传染监测
	信用风险监测	信用风险监测
	流动性风险监测	流动性风险监测
	产品风险监测	交易风险监测
		资金池风险监测
		操作风险监测
		重点领域风险监测
	涉稳风险监测	涉稳风险监测

续表

领域		监管场景
主体风险监测域	财务风险监测	上市公司财务风险监测
		公众公司财务风险监测
		债券发行人财务风险监测
	信用风险监测	上市公司信用风险监测
		公众公司信用风险监测
		债券发行人信用风险监测
		证券经营机构信用风险监测
	经营机构风险监测	上市公司经营风险监测
		公众公司经营风险监测
		债券发行人经营风险监测
		证券经营机构经营风险监测
		证券服务机构经营风险监测
	诚信分析	拟上市公司诚信分析
		上市公司诚信分析
		公众公司诚信分析
		债券发行人诚信分析
		证券经营机构诚信分析
		证券服务机构诚信分析
	舆情监测	舆情监测
行为监管分析域	内幕交易违规识别	内幕交易违规识别
	操纵市场违规识别	操纵市场违规识别
	欺诈客户违规识别	欺诈客户违规识别
	虚假陈述违规识别	虚假陈述违规识别
	其他违规行为违规识别	其他违规行为违规识别
基础分析能力域	财务分析	整体异常评估
		收入与成本构成分析
		暴力挖掘分析
		财务舞弊分析
		财务风险分析
	舆情分析	实体信息丰富
		实体信息冲突检测
		趋势判断

续表

领域		监管场景
基础分析能力域	舆情分析	违法违规线索分析
		实体风险分析
	账户关联分析	账户关联分析
	金融文档分析	金融文档语义理解
		信息披露文档合规性分析

2. 按场景建立监管关注点列表

在建立监管关注的框架之下，根据监管需求细化监管关注点，形成相应的关注点列表。以市场风险监测领域和相关的应用场景为例，形成简化的监管关注点列表见表5.4.2。

表 5.4.2 监管关注点框架示例

分析领域	应用场景	监管关注点
市场风险监测域	系统性风险和风险传染监测	系统性风险和风险传染监测	关注市场结构、市场波动、资产联动、资金流动等多个维度
	信用风险监测	信用风险监测	关注负债规模、债券违约、股票质押爆仓、融资融券违约、结构化产品违约等多个维度
	流动性风险监测	流动性风险监测	关注利率走势、利差变化、成交量、换手率等多个维度
	产品风险监测	交易风险监测	关注杠杆、持股集中度、换手率、市场冲击等多个维度
		资金池风险监测	关注借新还旧等维度
		操作风险监测	关注产品报告错误等维度
		重点领域风险监测	关注投资非标业务、明股实债等多个维度
	涉稳风险监测	涉稳风险监测	关注投资者画像、投资者情绪等多个维度

3. 围绕关注点整理监管指标体系

基于从职能域数据型分析型业务中汇总的分析模型，结合监管关注点整理提炼全域的监管指标体系，在监管关注点框架表后可直接增加一列，将细化的监管指标汇总归类到相应的数据型分析型监管业务场景之下，实现业务场景和指标体系的链接，如表5.4.3所示。

表 5.4.3 监管指标体系框架表示例

分析领域	应用场景	监管关注点	指标体系
市场风险监测域	系统性风险和风险传染监测	系统性风险和风险传染监测	关注市场结构、市场波动、资产联动、资金流动等多个维度	如压力指数、波动性指数、风险传染指数、流动性指数等（可进一步细化到指标名称）

4. 基于监管规则分析建立计算模型与方法

在既定的监管需求下，可基于已有的指标体系上，结合监管规则，建立计算模型和工具，实现监管业务与科技监管的桥梁，为后续业务人员和技术人员的沟通奠定良好的基础。

5.4.3 全域分析模型优化

1. 整合并优化职能域分析模型

基于上述步骤，对各个职能域数据型分析型业务条线，可基本实现"监管领域—应用场景—指标体系—计算方法"的贯通。在全域分析模型设计的最后，可将所有的梳理和贯通结果进行归并，形成全局全域性质的分析模型。

2. 建立全域分析模型与数据模型的映射关系

在形成全域分析模型之后，需要将各个监管关注点下的指标体系所需的支撑数据进行梳理，然后与相应的数据模型建立映射关系，为业务人员和数据人员的沟通奠定良好的基础。

3. 形成全域分析模型与分析工具的映射关系

在形成全域分析模型之后，需要将各个指标体系和分析方法所需的支撑工具（如Excel、Spss、Python等）进行梳理，然后与相应的数据分析工具建立映射关系，为业务人员和技术人员的沟通奠定良好的基础。

5.5 全域视角功能模型设计

全域视角功能模型设计是按照信息系统建设分层、复用的概念对职能域业务模型中可信息化的业务活动进行归并、优化和规范描述，建立功能模型。在各个职能域进行业务活动分析的基础上，信息系统建模工作还要完成功能模型的设计（具体格式详见表 5.7.6）。

全域功能模型设计包括全域功能汇总、全域功能优化、全域功能规范化三个步骤，如图 5.5.1 所示。

5.5.1 全域功能汇总

全域功能汇总是指汇总各职能域分析得到的业务活动，通过将业务模型中可信息化的"职业域—业务大类—业务过程—业务活动"对应为"系统—子系统—功能模块—功能点或栏目"的方式，汇总形成初步的功能模型，表达系统的功能组成和功能模块之间的调用关系。

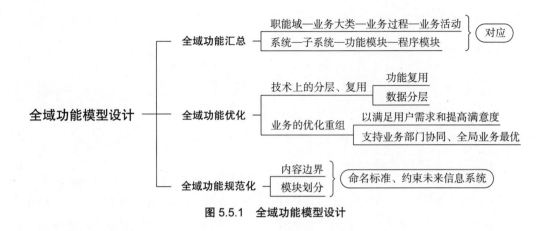

图 5.5.1　全域功能模型设计

5.5.2　全域功能优化

全域功能优化是在汇总的初步功能模型基础上，基于信息系统"整体性、层次性、灵活性"技术要求以及促进机构组织变革与创新的战略要求，对初步的功能模型进行优化，建立合理的信息系统功能模型。

一般来说，信息系统的功能模型设计主要从技术上的分层、复用以及基于业务的优化重组等方面进行。

1. 技术优化

技术上的优化可以从功能复用和数据分层两个维度进行。功能复用即对相同的基础类功能（如认证、审批）等进行归类、抽出可复用的成分建立若干公共支撑子系统，其他业务紧密关联的功能建立若干业务子系统；数据分层即参考安东尼金字塔模型（Anthony's Paramid）提出的管理信息系统"业务处理、业务监控、业务决策"三个层次，依据主线业务流程，对业务子系统再进行归类，建立"事务处理、活动监测、决策支持"等不同类别的业务子系统，从而构建出模块化可复用的、层次化全局集成的信息系统功能模型。

2. 业务优化

在功能模型设计时，还应基于业务流程的优化重组进行功能模型优化。打破机构的组织机构设置和部门职能界限，以满足用户需求和提高满意度为宗旨，以支持部门间业务协同、全局业务最优为核心，以支持战略决策实现财务业务一体化、管理与决策一体化为目标，从资源整合、综合集成上对功能模型进行优化设计。

5.5.3　全域功能规范化

全域功能规范化是指规范功能模型命名标准，完成系统、子系统、功能模块、功能点或栏目的全域定义。

全域综合设计建立的全域功能模型是逻辑上的，约束了未来信息系统应该覆盖的内容边界和模块之间的划分，是未来进行信息系统建设的依据和参考，具体建设时实际信息系统的实现方式会因信息技术水平、当前系统现状等因素的影响而存在差异。

对目前在建或已建设的十多个监管信息系统进行整合，利用统一的技术架构和基础数据库逐步改造并实现各系统在业务流程、功能实现、数据存储以及界面展现上的一致性。根据对各项监管业务及监管数据的梳理，可将证监会目前的监管工作入口划分为政务服务门户、智慧监管门户、综合信息门户。

政务服务门户主要功能包括官网信息发布、法律法规、信息公开、信息披露、名录查询、统计数据、诚信信息、网络举报、廉政评议。其中法规及诚信信息管理法规及诚信信息管理业务中，包含了证券期货行业的各种法律条款、制度规范，资本市场从业机构和从业人员的违法违规信息等，为整个中央监管平台提供了重要的基础性数据。该业务主要包括法规知识库、法律效能评估、诚信信息管理等功能。当前使用的证监会诚信数据库系统将作为该业务的主体部分被纳入中央监管平台。法规知识库提供了证监会各项日常监管工作所涉及到的所有法律法规信息，以基础数据库的形式整合，为其他各项业务的办理提供法律依据。法律知识库将提供最基本的法规查询和展示等功能。诚信信息包含资本市场从业机构和从业人员的各类违法违规信息。在功能上应实现对所有信息的采集、录入、修改、展示、查询、统计、共享以及各类诚信报告的生成等功能。同时，对诚信数据库中市场主体的查询和违法违规信息的查询可提供公共信息查询功能，为其他业务监管系统提供标准的查询组件。

智慧监管门户包含监管工作台和领导驾驶舱两大部分。监管工作台包含行政许可、监管主体、"互联网+监管系统"。行政许可业务横跨证券、基金、期货、上市公司等多个监管部门，包含了机构资质许可、人员资质许可、产品许可等多个领域。在监管主体包括发行（首次发行、再融资）行政许可、各类中介机构（证券公司、期货公司、基金公司）和产品行政许可、上市公司和产品行政许可、高管人员行政许可等。因此，将增加对行政许可业务的横向管理，抽象出适用于各个子系统的基本数据和基本功能模块。"互联网+监管系统"分为中介机构监管和公司监管两大部分，其中中介机构监管包括对证券公司、基金公司、期货公司、会计师事务所、律师事务所等中介机构的日常监管；公司监管包括对主板上市公司、创业板上市公司、新三板上市公司、非上市公众公司等的日常监管。这是证监会的主要职能之一，需要对各类监管主体的监管方式和监管措施进行详细梳理和分析，确定每一项监管功能点。以此为基础，根据监管职能的相似性，构建统一的公共监管业务处理流程。同时，由于各类机构的相似性，日常监管业务还可从证监会现有各类监管系统中抽象出通用的数据和组件，进行标准化处理，如机构信息管理、公司信息管理、财务信息预警、监管措施执行步骤等。因此，在系统整合过程中，将对各系统进行适当改造，规划出可共享的数据和功能组件，供各系统统一使用。

领导驾驶舱是对整个资本市场的各类数据进行统计分析、监测和预警，是证监会重要职能之一。通过对证券期货交易所、登记结算机构、融资融券公司等核心机构及投资者整体状况的统计分析，实现对资本市场整体风险的监控。领导驾驶舱分为统计监测系统、风险监测系统、风险地图和市场监测系统四大部分。统计监测系统能够通过对采集的数据进行分析，从而掌握资本市场运行总体状况和结构性特征，提供对宏观走势的分析，实现对市场相关行为和风险的评估功能。风险监测系统应能实现风险识别、市场监控以及风险预警等功能。在系统中建立风险监测预警模型，可开展数据挖掘，应用历史数据进行回归分析，能够设定合理的阈值，实现系统性风险动态监测和自动预警等功能。风险地图通过运用大数据、图计算等新一代信息技术结合各条线的具体业务场景，完成相应功能建设，为监管司门提供风险评估预警"一站式"服务，防范重大风险，平稳市场运行，保护投资者权益。市场监测系统利用大数据技术实现对市场整体运行情况的全景监测，以及对市场涨跌的动力分析。通过大数据平台的宏观市场数据分析服务，实现对市场指数异常变动、板块异动、期现跨市场联动异常、全市场融资融券强平异常、指数操纵等方面的市场风险监测及异动告警，全面掌握账户关联信息，穿透式洞察操纵者的情况。同时，基于数据模型、机器学习算法等，对宏观市场趋势、市场风险进行有限度的预测，为决策支持提供参考。领导驾驶舱部分数据还将提供给其他业务模块共享使用，为日常监管、稽查处罚等业务提供依据。

综合信息门户部署在涉密内网，包含综合执法台和办公自动化两大部分。综合执法台包括监管措施、线索移交、稽查办案、行政处罚。

通过全流程统一编码规则等方式改造综合执法台相关功能，实现和稽查案管、行政处罚系统的融合对接。整合建设监管措施等知识共享管理平台，汇集管理系统内各单位研究成果、调研报告、动态简报等信息，促进知识分享和经验交流，实现所有业务系统知识库管理功能的统一。升级建设全流程、智能化的稽查案件管理系统和行政处罚案管系统，支持立案、调查、审理、处罚、复议的稽查执法全业务流程，以及对派出机构调查、审理流程的管理。提高案件调查审理智能分析和质量控制能力，支持稽查执法科技化需求。

综合执法台监控监管对象从申请行政许可、备案开始进入监管视野，其主体相关信息、申请材料和监管相关信息以数字化格式化的方式被记录，审批部门可以直接基于数字化的申请材料，并结合大数据的主体画像，进行行政许可审批或备案。随着流程的推进，业务自然进入机构监管、上市公司监管等日常监管系统，相应信息也将流转过来。最后，如果发现有违法违规线索，进入稽查处罚流程。

支撑系统包括舆情分析与预警系统、违法违规线索发现与分析系统、调查数据分析系统、综合执法数据协查系统、资本市场诚信数据库系统、证券期货法规数据库系统。其中舆情分析与预警系统通过爬虫技术收集舆情大数据，抓取不同媒体发布的舆情信息，并根据媒体核心程度、所属区域、原创性、专业性、影响力等做统一分类。针对证券市场各主体有关的海量舆情信息进行分析，通过分词、词性标注、句法分析、关键词抽取等自然语言处理技术对舆情数据进行特定信息的抽取和解析，根据舆情信息主题内容进行标签化处理，并针对性地抽取一系列实体知识与领域知识，搭建舆情知识图谱，对证券市场各主体进行舆情信息画像，实现对重要对象、重要人员舆情的重点监测。汇总统计相似新闻以及传播热点领域，对舆情信息的影响力、扩散度、情感倾向程度等维度进行量化，对市场预期热点进行分析。对舆情传播进行溯源查询，识别舆情信息的传播路径及扩散范围。对潜在可能影响市场证券运行或损害监管机构权威的负面舆情进行及时预警，支持监管机构及时准确地把握相关舆情动态。通过对相关舆情数据的分析，生成包括数据量、事件演变分析、媒体活跃度、重点人物活跃度、情感分析、主要观点聚类等内容的多维度舆情分析图表报告。违法违规线索发现与分析系统要打通线索发现、线索分析、立案调查、审理处罚、复议诉讼、行政和解的稽查执法全流程业务，实现案件全链条、全流程、全覆盖的程序化管理。调查数据分析系统整合各细分市场数据、宏观经济金融数据、国际资本市场数据，为系统各单位、各部门提供数据统计、分析研究等服务支持。资本市场诚信数据库系统、证券期货法规数据库系统依托资本市场诚信数据库系统、证券期货法规数据库系统，促进会机关、各派出机构监管执法尺度统一。

对各职能域业务模型可信息化的业务活动进行归并、优化和规范描述，提炼出各职能域可采用公共服务模式提供的系统功能，将智慧监管平台划分为政务服务、综合办公、统计监测、市场监管、公司监管、机构监管、服务监管、行为监管、风险发现与预警、科技监管工具、监管处置与日志、稽查处罚和内部管理等 13 大类功能，从而建立智慧监管平台的全域功能模型，如图 5.5.2 所示。

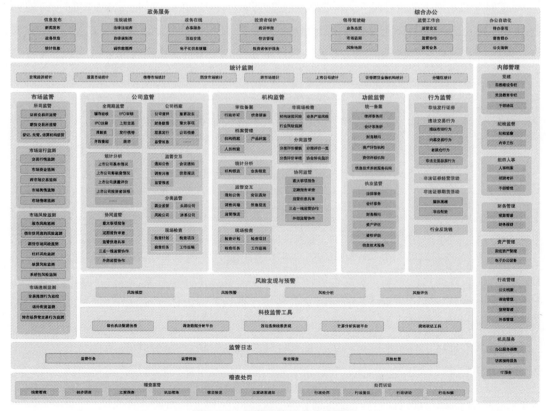

图 5.5.2　智慧监管平台功能模型

功能模型可以采用以"系统—子系统—功能模块—功能点或栏目举例"四级结构来描述（见表 5.5.1），每一个系统独立支撑完成一项或一类管理业务，由若干个支持相关业务的子系统组成，每一个子系统又由围绕着支持相应管理业务的多个功能模块构成，每一个功能模块又由若干个功能点组成（信息发布类功能模块一般包含若干同类栏目）。

表 5.5.1　智慧监管平台功能模型（政务服务平台部分）

系统	子系统	功能模块	功能点或栏目举例
政务服务平台	信息发布	新闻发布	时政要闻 证监会要闻 新闻发布会 政策解读 辖区监管动态
		政务信息	行政复议信息 行政处罚信息 市场禁入信息 监管措施信息 监管规则适用指引 日常监管信息 监管问答 人事信息 政府信息公开
		统计信息	证券市场快报 证券市场月报 期货市场周报 期货市场月报 上市公司行业分类结果 合法机构名录 辖区公司名录 辖区统计数据
	法规诚信	法律法规库	法律、行政法规和司法解释，部门规章和规范性文件
		自律规则库	自律规则
		诚信数据库	机构查询 人员查询
	政务在线	办事服务	网上办事服务 一体化政务服务对接 政务服务评价
		互动交流	通知公告 征求意见 公众留言

续表

系统	子系统	功能模块	功能点或栏目举例
政务服务平台	政务在线	电子化信息披露	IPO 预先披露 上市公司公告 挂牌公司公告 公募基金公告 债券公告
	投资者保护	投诉举报	投诉事项 举报事项 咨询事项 意见建议
		信访管理	信访办登记、办理等功能； 信访办信访件各维度报表统计； 会内部门签收、办理、处室/局领导审核、盖章等功能； 对待审核、退回、拒签件等代办事项进行查询
		投资者保护服务	投保工作动态 投资者教育 交易所投资者教育平台

5.6 全域视角用户模型设计

信息系统模型中还要建立用户模型，对机构中人员类别组成和这些人员如何使用信息系统的描述，包括人员的角色、目标、职责以及他们在信息系统中处理的对象等方面。因此，用户模型设计输出成果是包含用户分类（角色）、角色权限对应关系、角色授权关系等三方面内容的模型，如图 5.6.1 所示。

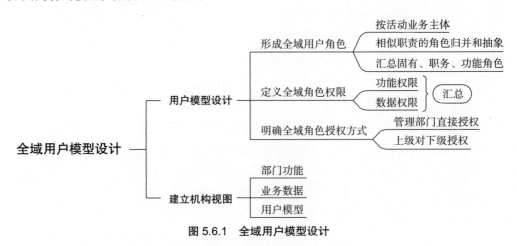

图 5.6.1 全域用户模型设计

5.6.1 用户模型设计

全域用户模型设计就是在总体分析得到的初步用户模型中用户角色的基础上,汇总职能域分析细化的业务活动、活动主体以及相互关系,并进行归并、优化,形成全域用户角色,定义全域角色权限,明确全域角色授权方式,从而建立完整的用户模型。

1. 形成全域用户角色

首先,汇总职能域分析细化的业务活动主体,将业务活动主体按照其属性转换为职务角色和功能角色;其次,对各职能域形成的职务角色和功能角色进行分析,对各职能域中具有相似职责的角色进行归并和抽象;最后,在上述汇总、分析的基础上,与总体分析形成的固有角色、职务角色和功能角色进行再次汇总和归并,进而形成全域用户角色。

2. 定义全域角色权限

结合职能域分析中每个业务过程的业务活动主体和业务活动关联关系,将业务活动主体对应用户角色的功能权限和数据权限进行汇总、定义。其中,功能权限来自业务活动主体参与的各个业务活动;数据权限来自业务活动主体处理的各项信息,这样就形成了全域的角色权限。

3. 明确全域角色授权方式

基于机构的组织机构设置,结合职能域分析中业务活动主体的定义来源,建立全域的角色授权方式。一般来说,角色授权方式有两种形式:管理部门直接授权、上级对下级授权。

以证监会智慧监管平台的设计为例,作为资本市场监管的统一共享平台,它可以集约化地服务于全行业的监管者和被监管者,主要包括监管人员、监管对象和技术用户三类。

第一类是监管人员,包括会领导、会内部门、派出机构和会管单位人员。作为证券期货行业的主要监管者,证监会及其派出机构承担着市场监管和保障稳定运行的基本职责,也是智慧监管平台最重要的使用者。证监会人员包括会领导、领导秘书、会内各业务部门等,派出机构人员包括北京、上海等36个证监局及上专办、深专办。会管单位人员包括交易所、行业协会、会管专业公司等。行业自律机构是市场运行的组织者,也承担着自律监管的职能,因此是智慧监管平台重要的数据提供者,也是市场监管协作的主要参与者。

第二类是监管对象,包括中介服务机构、市场主体和社会公众用户。中介服务机构主要包括证券公司、期货公司、基金公司等经营机构,以及律师事务所、会计师事务所、信息技术服务商等服务机构。市场主体主要包括上市公司、挂牌公司、债券发行人、机构投资者和个人投资者。社会公众用户主要包括关心支持证监会业务与工作的个人或法人。监管对象的行为受到监管机构和自律组织的监管,也是智慧监管平台的主要监管交互者和监管数据提供者。

第三类是技术用户，包括科技管理人员、运维管理人员和分析师。科技管理人员包括资源调度管理人员、监管数据管理人员、建设项目管理人员、科技标准化管理人员等。运维管理人员包括基础设施人员、数据运维人员、资源运维人员、终端运维人员、应用运维人员和安全运维人员等。

这些活动主体都是在职能域分析中依据实际业务需求产生的。在此基础上，依据用户模型中用户角色的定义，将这些活动主体转换为职务角色和功能角色，这些细化的用户角色是对总体分析产生的用户模型的补充。对活动主体进行进一步的分析，对职责相同命名不同的用户角色进行统一命名，对职责接近可进一步抽象的不同用户角色进行归并，从而形成全域用户角色，如图 5.6.2 所示。

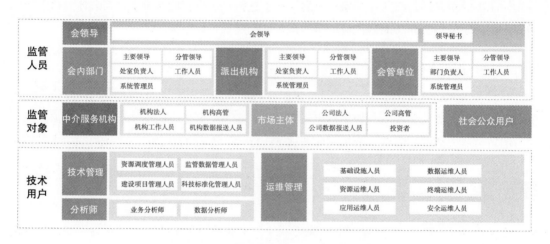

图 5.6.2 智慧监管平台全域用户角色示例

在此基础上，基于各个职能域业务活动主体、业务活动、信息的对应关系，形成全域用户角色和功能权限、数据权限。智慧监管平台各系统业务管理单位设置自身的权限、角色和资源信息，对组织架构和人员进行统一管理和维护。

5.6.2 建立机构视图

在进行全域用户模型设计时，还需要为部门建立机构视图，以部门的视角建立每个部门访问的系统功能和业务数据的机构视图的权限。这样各部门就可以清晰地把握本部门信息化建设所需要建立的信息系统数据模型、功能模型和用户模型，并了解在全域信息系统模型中所处的位置以及与其他部门信息系统的关联关系。

机构视图基于全域模型和本部门业务的需求建立，包括部门的功能、数据和用户模型：

（1）从全域功能模型中提取与该部门有关的功能，并补充本部门特有的功能，成为部门的功能模型；

（2）从全域数据模型提取出属于部门的业务数据、该机构与外部交换共享的业务数据，以及补充部门的私有数据，组成部门的数据模型；

（3）从全域用户模型中提取部门的用户角色、角色授权和角色权限，组成部门的用户模型。

以上市公司监管系统为例，采用机构视图方法，在智慧监管平台总体架构中虚拟出两个逻辑的信息系统，使证监会机关各业务部门能够清楚地了解本部门牵头或负责的信息系统整体情况。

上市公司监管系统主要为证监会上市公司监管条线人员服务，提供监管档案、流程管理、交互共享、统计分析和风险预警等信息服务。系统以内外数据整合为核心，业务流程优化为导向，全面提升部、局、所流程处理效率，进行多维自由统计分析，实现与发行监管系统、证监会机关 OA 等系统的优势互补，与各系统实现"合力增效"。

现场检查、舆情处置、重组注册、重大事项报告四大流程业务可实现"线索发现—检查核实—处理处置"全链条衔接、全流程管理。信息共享和监管交互有效发挥"三点一线"监管体系作用，并搭建与监管对象信息沟通的桥梁。公司档案和常用统计、自由统计、超级检索四大档案与统计分析类功能实现上市公司全数据量集中，支持对数据资源的快速充分利用，满足不断增长的各类统计需求。

5.7 本章规范

5.7.1 专业术语

1. 体系结构模型

描述的是信息系统和主题数据库的关联关系。C-U 矩阵是描述体系结构模型的常用方法，描述各信息系统分别生成（Create，C）、使用（Use，U）了的主题数据库。

2. 数据架构

表述信息的载体——数据的组成分布模式、存储模式、访问模式，以及不同数据逻辑体之间的共享与交换模式等。统一的数据架构使数据与应用的关系更加清晰，数据的意义更加明确，数据之间的区分和关联更加合理，保证数据的整体性、一致性、完整性，提高数据的综合使用效率。

3. 全域数据流分析

依据职能域数据流程汇总、分析各职能域间信息关联，分析主线业务数据流转是否通畅和闭合，绘制全域数据流图。

4. 全域数据模型设计

基于全域数据流分析，识别数据实体并进行关联分析，建立基于实体关系图的数据模型。

5. 全域功能模型设计

按照信息系统建设分层、复用的概念，对职能域业务模型中可信息化的业务活动进行归并、优化和规范描述，建立功能模型。

6. 全域用户模型设计

在总体分析得到的用户角色的基础上，汇总职能域、分析细化的业务活动主体，形成全域用户角色、定义角色权限，完善用户模型，形成每个部门有权访问的系统功能和业务数据的机构视图。

7. 角色关联

表示两个角色之间的关系。

8. 动作关联

表示两个动作之间的关系。

9. 用户角色

对机构中用户信息的抽象表示，是一群具有相似需要和职责的用户。

10. 角色权限

对机构中的用户角色与其拥有权限之间关系的描述。

11. 角色授权

对机构中的用户角色来源及权限之间的授予关系（角色授权）的描述。

5.7.2 格式标准

1. 全域业务模型规范化

优化完善主线业务分类，格式参照表 5.7.1。

表 5.7.1　全域主线业务分类列表示例

分类维度	一级分类	二级分类	三级分类

业务模型可以采用"业务大类—业务过程—业务活动描述"三层结构来描述形成模型，格式参照表 5.7.2。

表 5.7.2 管理型流程型监管业务模型

业务分类	业务过程	业务活动描述

数据型分析型监管业务模型可以采用"分析领域—应用场景—监管关注点或主体数据描述"三层结构来描述，格式参照表 5.7.3。

表 5.7.3 数据型分析型监管业务模型

分析领域	应用场景	监管关注点或主体数据描述

2. 职能域间信息关联分析

通过对主题域内包含的实体及实体间的关系，初步形成概念数据模型的过程，如表 5.7.4 所示。

表 5.7.4 主题域实体关系

序号	主题域	数据实体	属性定义（元数据）	关联关系

3. 全域分析模型优化

对各个职能域数据型分析型业务条线实现"监管领域—应用场景—监管关注点—指标体系—计算方法"的贯通，如表 5.7.5 所示。

表 5.7.5 全域分析模型

分析领域	应用场景	监管关注点	指标体系	计算方法

4. 全域功能规范化

全域功能规范化是指规范功能模型命名标准，全域定义系统—子系统—功能模块—功能点或栏目，如表 5.7.6 所示。

表 5.7.6 智慧监管平台功能模型

系统	子系统	功能模块	功能点或栏目

第6章
五维度舞弊识别模型的构建与预警
——数据型分析型业务案例

资本市场是个巨大的利益场,监管与反监管、舞弊与反舞弊反复博弈,财务造假与审计失败周期性发生。受新冠疫情、经济周期下行、经济结构调整等市场环境的叠加影响,近年我国资本市场再次进入财务舞弊的高发期。如何防范和识别财务舞弊成为监管机构、实务界及学术界高度关注的热点问题。

本章以证监会某证监局(简称"某证监局")辖区一线监管为应用场景,剖析目前该监管场景下财务舞弊监管存在的痛点与难点;借鉴"五维度舞弊识别模型"[①]及天健财判,构建一套上市公司财务舞弊智能预警系统(以下简称"舞弊预警系统"),利用数字技术赋能,从工程模型设计五个子模型进行产品设计与系统开发;借鉴天健财判系统协助监管机构,展示上市公司舞弊预警监管思路及应用效果,展望赋能监管数字化转型的前景。

6.1 监管场景分析

厦门证监局负责辖区证券期货市场一线监管工作,下设七个处室,其中与辖区上市公司监管相关的处室为公司监管处,公司监管处同时负责监管上市公司、非上市公众公司、会计师事务所等中介机构,公司监管处与上市公司监管相关的业务包括公司治理、信息披露审核、现场检查等工作,具体包括公司治理日常监管、上市公司临时报告及定期报告审核、上市公司违法违规线索识别与现场监管等。

根据"监管科技工程方法论",公司监管处上市公司监管工作属于按管理型流程型口径划分的业务,主要由处长、副处长及7名监管干部分工监管,监管对象涉及辖区近70家上市公司,同时需要延伸监管审计机构、保荐机构、资产评估机构等中介机构的执业质量,对接证监会中央监管信息平台及天健财判等多个内外系统,使用企业、审计及其他第三方资

---

① 五维度舞弊识别模型框架为厦门国家会计学院中国财务舞弊研究中心研究成果,用于事前预警财务舞弊,包括财务税务维度、行业业务维度、公司治理维度、内部控制维度、数字特征维度。

料，开展事前、事中、事后监管等多项业务活动，监管任务繁重，平均 1 名监管员需要监管约 10 家上市公司。

在监管人员编制未增加而上市公司家数日益增加的情况下，该场景面临以下两大痛点：一是跨系统手工衔接引发工作效率不高问题，主要系多个内外系统未打通所呈现的"烟囱林立""数据孤岛""条块分割"的现状，造成日常工作中涉及大量的手工处理带来效率问题；二是现有外部系统发现财务舞弊风险问题线索的精准度引起的监管工作效果问题。

基于此，初步规划借鉴"五维度舞弊识别模型"及天健财判构建一套舞弊预警系统，如图 6.1.1 所示，以达到通过系统智能识别上市公司重大财务舞弊风险，提升监管员工作效率和效果的目标。

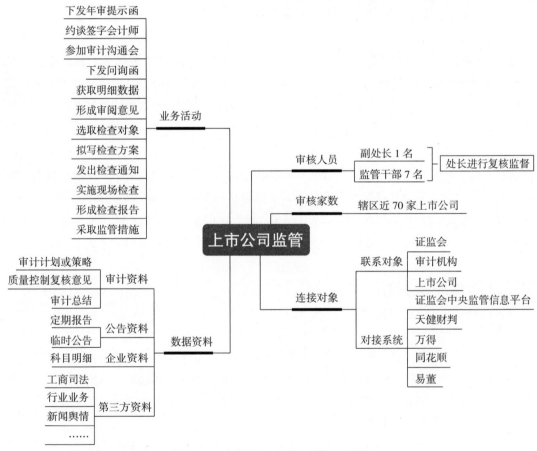

图 6.1.1　派出机构上市公司监管业务示例

6.1.1　财务舞弊监管场景分析

总体分析作为"五维度舞弊识别模型"落地规划的总揽性和第一阶段工作，重点在于明确模型构建及规划的边界，从全局的角度对业务进行分析、归类，使得后续的职能域分析和全域综合设计工作在总体的业务框架内进行。

为了实现上述目标，总体分析的具体工作通过"总体调研—主线业务分析—管理模式分析—职能域初步划分"四个步骤完成。

1. 总体调研

总体调研是总体分析的第一步，也是"五维度舞弊识别模型"落地规划工作的起点。主要目的是明晰某证监局涉及舞弊识别监管工作相关的处室与业务流程，把握业务发展方向，明确规划目标。

根据《中华人民共和国证券法》等法律、法规和中国证券监督管理委员会的授权，某证监局负责辖区证券期货市场一线监管工作，主要包括：一是贯彻执行国家有关法律、法规和方针政策，切实维护资本市场公开、公平、公正，维护投资者，特别是中小投资者合法权益，防范和依法处置辖区有关市场风险，促进辖区资本市场稳定健康发展；二是辖区上市公司、非上市公众公司、债券发行人、证券期货经营机构、公募基金管理人、私募基金管理人、证券期货投资咨询机构监管，律师事务所、会计师事务所、资产评估机构相关证券期货业务活动监管；三是对辖区证券期货违法违规行为实施调查，作出行政处罚；四是辖区证券期货投资者教育和保护；五是证监会授权的其他职责。

某证监局内设七个处室：办公室、党务工作办公室（纪检办公室）、公司监管处、机构监管处、稽查处、法律事务处、综合业务监管处。

根据"监管科技工程方法论"，监管业务事项可按四个视角划分：监管模式视角、监管业务视角、监管时序视角、"三点一线"视角。从监管模式视角来看，某证监局监管业务主要为微观审慎监管；从监管业务视角来看，某证监局监管业务主要为主体监管；从监管时序视角来看，某证监局监管业务涵盖事前监管、事中监管和事后监管；从"三点一线"视角来看，某证监局监管业务系证监会派出机构层面的监管。

2. 主线业务分析

主线业务分析是总体分析的第二步工作，首先基于总体调研情况抽取出某证监局与上市公司财务舞弊识别监管工作相关的处室及业务活动，并梳理分析主要业务间的信息关联性，对业务进行分类，从而划分职能域，为后续开展职能域分析工作奠定基础。具体工作包括业务识别和业务分类两部分。

根据总体调研情况，某证监局与辖区上市公司监管相关的处室为公司监管处，梳理公司监管处以期识别出其中与财务舞弊识别监管工作相关的业务，并对其进行分类。

1）主线业务识别

公司监管处负责辖区上市公司、非上市公众公司的日常监管、风险防范和处置，按规定对上述市场主体的相关违法违规行为进行调查；牵头对会计师事务所、资产评估等机构从事证券期货业务活动的监管。设置岗位包括处长1名、副处长1名及监管干部7名（统称：

监管员），其中辖区上市公司由副处长及 7 名监管干部分工监管，非上市公众公司由 1 名监管干部牵头监管，会计师事务所、资产评估等机构由 1 名监管干部牵头监管，处长对副处长及监管干部工作进行复核监督（见图 6.1.2）。公司监管处工作中使用的信息系统包括内部和外部系统两类，内部系统为证监会中央监管信息平台各子系统，除此之外，根据监管需要使用天健财判、万得、同花顺、易董等外部信息系统。

公司监管处			
监管对象		岗位设置	信息系统
市场主体	上市公司 非上市公众公司	处长1名—副处长1名—监管干部7名	内部系统——证监会中央监管信息平台 外部系统——天健财判 / 万得 / 同花顺 / 易董
中介机构	会计师事务所 资产评估机构		

图 6.1.2　公司监管处分析示例

公司监管处各监管事项中，与辖区上市公司相关的监管事项主要是上市公司临时报告及定期报告审核（下称：公告审核）、现场检查。

上市公司公告审核工作按"职能区域—业务过程—业务活动"（见图 6.1.3）描述如下：

职能区域：公告审核工作由各个监管员根据《××证监局上市公司信息披露监管工作指引——临时报告》《××证监局上市公司信息披露监管工作指引——定期报告》对各自负责的上市公司开展监管工作，旨在通过公告审核加强上市公司风险监测和预研预判，强化财务造假、资金占用、违规担保、股权高比例质押等重点领域和重点公司风险监控，并为现场检查提供问题线索。

业务过程及业务活动：以年报审核为例，年审阶段监管员通过向审计机构下发年审提示函、约谈签字会计师、参加上市公司审计沟通会等进行事前事中督促提醒，并在年报披露后及时进行审阅，视情况向上市公司下发年报问询函或进一步获取重要科目明细数据，针对重点上市公司形成年报审阅意见提交证监会。其中，审计计划或策略、质量控制复核意见、审计总结等审计资料由审计机构在证监会会计监管系统报备，年度报告来源于公开披露平台，年报主要科目明细数据为向上市公司收集。业务过程目前主要由监管员人工完成，由内外部系统辅助风险初步预警、信息检索，实现材料审核、提交等作用。

上市公司现场检查工作按"职能区域—业务过程—业务活动"（见图 6.1.4）描述如下：

职能区域：上市公司现场检查工作一般由监管员牵头、其他人员配合（如会计师事务所借调人员等），根据《××证监局上市公司现场检查工作规程》开展现场工作。现场检查旨在进一步发现上市公司存在的问题和风险苗头，及时化解处置。

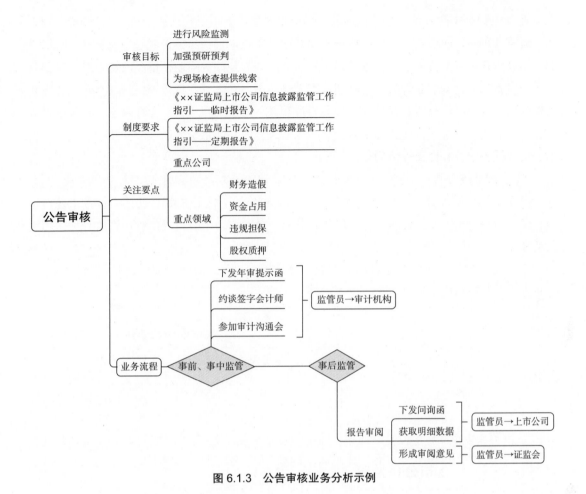

图 6.1.3 公告审核业务分析示例

图 6.1.4 现场检查分析示例

业务过程及业务活动：监管员选取现场检查对象（上市公司或中介机构），拟写检查方案发证监会审核，向检查对象发出检查通知并进场实施检查，与检查对象交换意见并听取说明，形成检查报告汇总检查中发现的问题发送证监会，并针对问题视情况向检查对象发出监管管理措施文书、采取监管措施，整理检查工作档案。其中，现场检查由被检查对象、中介机构提供文件资料供查阅。此外，监管员通过互联网检索工商资料、舆情报道等有关信息进行参考。上述业务过程目前主要由监管员人工完成，内外部系统辅助风险初步预警、信息检索，实现材料审核、提交等作用。

2）主线业务分类

基于前述调研和分析，根据"监管科技工程方法论"，公司监管处的两类业务（公告审核、现场检查）属于按管理型流程型口径划分的业务，均属于与财务舞弊识别监管工作相关的业务。

上市公司监管工作相关业务活动按数据型流程型口径、基于"监管场景—数据实体—分析方法"三层结构（见图6.1.5）分析如下。

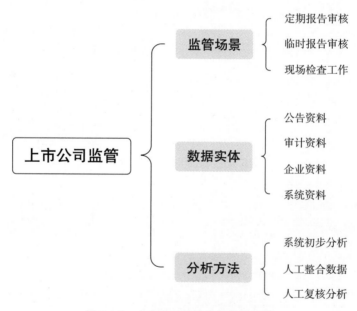

图 6.1.5　上市公司监管业务分析示例

3. 管理模式分析

根据总体调研和主线业务分析，公司监管处与财务舞弊识别监管工作相关的上市公司监管业务主要由处长统筹协调，副处长及 7 名监管干部分工监管，处长对监管干部的工作有复核监督职责，因而后续在用户模型设计中，需考虑赋予处长和副处长、监管干部不同的角色和权限。

4. 职能域初步划分

公司监管处与财务舞弊识别监管工作相关的上市公司监管业务主要由处长、副处长及 7 名监管干部分工监管，监管对象涉及辖区近 70 家上市公司；同时，需要延伸监管审计、资产评估机构、保荐机构等中介机构执业质量，对接证监会中央监管信息平台及天健财判等多个内外系统，使用企业、审计及其他第三方资料，开展事前、事中、事后监管等多项业务活动。对监管员来说，监管任务繁重，平均一名监管员需要监管约 10 家上市公司，尽管存在系统辅助，但由于各系统互相独立，存在"烟囱林立""数据孤岛""条块分割"问题，导致该类业务活动基本主要由监管员人工完成，系统辅助风险初步预警，信息检索，实现材料审核、提交等作用。因而，初步规划后续通过构建舞弊预警系统打通内外系统，通过构建舞弊模型体系提升舞弊识别能力。

公司监管处上市公司财务舞弊识别监管工作中主要痛点为监管任务繁重，在未新增监管员、减少上市公司家数的情况下，痛点、难点构成情况是：①工作效率层面。内部系统主要起到内部业务流程流转作用、外部系统主要起到资料获取和辅助数据分析作用，内外部系统未打通，导致大量数据获取、基础数据分析工作需要依靠监管员人工从外部系统导出后进行分析，形成结论后撰写报告再导入内部系统进行提交，影响工作效率。②工作效果层面。内外部系统可以在一定程度上起到辅助发现公告审核问题线索的作用，但问题线索的精准度有待商榷，需要依托于监管员专家经验进行进一步判断，影响工作效果。

6.1.2 财务舞弊监管职能域分析

1. 职能域规划

针对调研分析中监管员在上市公司财务舞弊识别监管工作中的痛点、难点初步规划从两方面对公告审核业务进行优化，以期达到通过智能系统落地方式、借助数据型分析型业务提高监管员工作效率和工作效果的作用。

1）构建舞弊预警系统打通内外系统

在证监会中央监管信息平台中构建舞弊预警系统，接入外部系统数据和分析结果、落地上层应用，对接内部监管系统，打通内部外系统，以减少监管员人工上传下载工作、基础数据分析工作，提高工作效率。

2）构建舞弊识别模型体系提高舞弊识别能力

借鉴"五维度舞弊识别模型"及天健财判系统，在舞弊预警系统中构建舞弊识别模型，通过系统方式自动识别分析上市公司可能存在的舞弊风险，并形成舞弊风险画像报告报表自动上传至内部监管系统，开展进一步分析工作。该模型将监管员专家经验和外部专家、系统经验进行融合，并支持监管员在系统中对模型及模型使用到的规则进行灵活配置、扩展、测试、上线,不断完善系统分析结果精准度,提高监管员工作效率和效果。

2. 职能域设计

舞弊预警系统属于基于数据型分析型工作构建的分析系统,整体由"后台数据中心—中台模型引擎—前台功能应用"三层架构构成。其中,后台数据中心接入内外部系统数据,并支持对多个数据来源的数据加工清洗归一,确保数据完整性、准确性、可用性。中台模型引擎主要承担模型配置功能,支持监管员在系统中对模型及模型使用到的规则进行灵活配置、扩展、测试。同时,中台模型引擎兼顾"用户管理"功能,支持管理员对系统使用人员进行角色划分和权限分配。前台功能应用主要形成基于中台模型引擎计算结果的展示,如专题分析报表、舞弊风险画像、智能财务预警报告等。

舞弊预警系统整体架构,如图6.1.6所示。

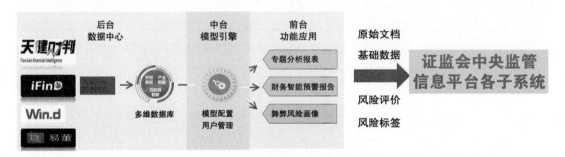

图 6.1.6　舞弊预警系统整体架构

6.2　业务模型设计

基于前述调研和分析,某证监局7个处室中,与辖区上市公司监管相关的处室为公司监管处,公司监管处同时负责监管上市公司、非上市公众公司及会计师事务所等中介机构;公司监管处与上市公司监管相关的业务包括公告审核与现场检查工作,具体包括上市公司临时报告及定期报告审核、上市公司违法违规线索识别与现场监管等。

公司监管处上市公司监管工作属于按管理型流程型口径划分的业务,主要由处长、副处长及7名监管干部分工监管,监管对象涉及辖区近70家上市公司。同时,需要延伸监管审计机构、资产评估机构等中介机构执业质量,对接证监会中央监管信息平台及天健财判等多个内外系统,使用企业、审计及其他第三方资料,开展事前、事中、事后监管等多项业务活动。

6.3 案例介绍

6.3.1 系统总体规划

1. 系统模型构建

舞弊预警系统期望建立一个有助于事前识别乃至预测财务舞弊，寻找并归类舞弊识别变量，分析变量与舞弊之间关系的舞弊风险预警模型。系统构建的舞弊风险模型基于厦门国家会计学院中国财务舞弊研究中心研究成果"五维度舞弊识别框架"（见图6.3.1），依据的理论基础是复式簿记与会计信息系统论。模型建立由五个维度所组成的识别框架，五个维度对应于会计信息的各个生产环节，包括财务税务维度、行业业务维度、股东治理维度、内部控制维度、数字特征维度。其中，财务税务维度主要是分析财务报表科目或报表指标、税务指标的异常；其他四个维度为非财务维度，主要反映企业的业务逻辑或数据特征。通过组合分析各个维度的异常信号形成"识别变量"，进行模型构建与应用，进而判断存在舞弊的可能性，实现事前识别。

图 6.3.1 五维度舞弊识别模型框架示例

来源：叶钦华，叶凡，黄世忠.财务舞弊识别框架构建——基于会计信息系统论及大数据视角 [J]. 会计研究，2022(3): 3-16.

2. 模型落地规划

在证监会中央监管信息平台中，构建一套由"后台数据中心—中台模型引擎—前台功能应用"三层架构构成的舞弊预警系统。

舞弊预警系统通过构建中台功能应用实现舞弊风险分析模型配置和计算，通过构建前台功能应用和数据服务功能辅助监管员开展公告审核工作。系统构建的整体功能架构图如图 6.3.2 所示。

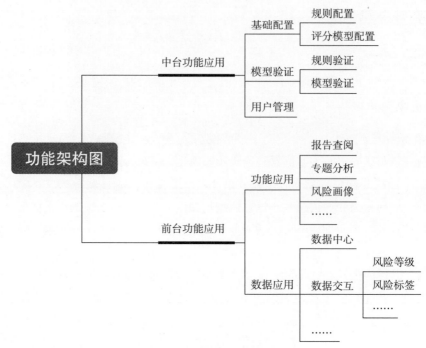

图 6.3.2　功能模型架构设计示例

6.3.2　系统预警效果

舞弊预警系统的"五维度舞弊识别模型"落地后预期实现以下三个重要功能：一是可对上市公司进行舞弊风险实施预警与分类筛查；二是可查看重点舞弊预警公司的具体风险标签；三是可构建专属管理报表，协助监管人员分批分策略对重点上市公司进行专属预警。

基于三大系统功能，可大幅提高科技监管效率与效果，辅助监管员快速筛查辖区高舞弊风险公司，并通过具体风险标签获取风险线索详情，为后续现场检查工作提供进一步核查线索。

借鉴天健财判系统所构建的舞弊风险预警模型已实现对上市公司财务舞弊事前预警，如图 6.3.3 所示。经初步测试，可有效预警财务舞弊风险且预警的舞弊风险事项重点突出（如图 6.3.4 所示），参考意义强。

基于舞弊预警系统的智能预警结果，复盘 2020—2023 年证监会处罚的 21 家典型造假上市公司，模型针对 21 家样本公司，命中家数为 21 家、命中率为 100%，提前预警周期最短 2 个月、最长 7 年、均值为 2.3 年；事前命中预警的公司中，仅有 3 家公司注册会计师给出了非标审计意见，其余 18 家公司注册会计师均给出了标准无保留意见审计报告。

第 6 章 五维度舞弊识别模型的构建与预警——数据型分析型业务案例

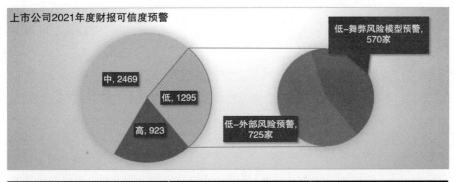

高	中	低
模型分析结果显示，未发现影响财报可信度的重大舞弊迹象	模型分析结果显示，公司存在影响财报可信度的个别舞弊迹象	模型分析结果显示，公司存在影响财报可信度的重大舞弊迹象

图 6.3.3 舞弊风险模型分析评估示例

图 6.3.4 舞弊风险模型监管实践示例

（1）上市公司财务舞弊组：100% 命中 8 家（见表 6.3.1）

表 6.3.1 财务舞弊分析模型结果示例

序号	股票代码	公司简称	舞弊类型	舞弊年度	处罚	天健财判_最早预警	提前预警	预警年度审计意见
1	600677.SH	*ST 航通	收入舞弊	2016—2018	2021 年	2016 年	4 年	保留意见
2	002052.SZ	ST 同洲	减值舞弊、费用舞弊、收入舞弊	2014—2016	2021 年	2013 年	7 年	标准无保留意见
3	600589.SH	ST 榕泰	收入舞弊	2018—2019	2021 年	2018 年	2 年	标准无保留意见
4	600978.SH	*ST 宜生	收入舞弊	2016—2019	2021 年	2019 年	1 年	无法表示意见

续表

序号	股票代码	公司简称	舞弊类型	舞弊年度	处罚	天健财判_最早预警	提前预警	预警年度审计意见
5	002411.SZ	延安必康	资金舞弊	2015—2018	2020 年	2015 年	4 年	标准无保留意见
6	300152.SZ	科融环境	收入舞弊	2017	2020 年	2016 年	3 年	标准无保留意见
7	300064.SZ	*ST 金刚	收入舞弊	2016—2019	2021 年	2016 年	4 年	标准无保留意见
8	300526.SZ	中潜股	收入舞弊	2019	2021 年	2020 年	1 年	保留意见

（2）上市公司业绩爆雷组：100% 命中 13 家（见表 6.3.2）

表 6.3.2　分析模型命中率示例

序号	股票代码	公司简称	公司标签	爆雷日期	爆雷事件	天健财判_最早预警年度	提前预警	预警年度财报审计意见
1	300256.SZ	星星科技	业绩爆雷	2021/8/21	公司发布前期差错更正公告	2017 年年报	3 年	标准无保留意见
2	601727.SH	上海电气	隋田力案件	2021/5/30	公司发布重大风险提示公告	2020 年年报	2 个月	标准无保留意见
3	600522.SH	中天科技	隋田力案件	2021/7/21	公司发布重大风险提示公告	2020 年年报	3 个月	标准无保留意见
4	600260.SH	凯乐科技	隋田力案件	2018/8/3	媒体质疑	2017 年年报	6 个月	标准无保留意见
5	002089.SZ	ST 新海	隋田力案件	2019/4/30	非标财报审计意见	2017 年年报	1 年	标准无保留意见
6	002383.SZ	合众思壮	隋田力案件	2020/5/29	非标财报审计意见	2017 年年报	2 年	标准无保留意见
7	600981.SH	汇鸿集团	隋田力案件	2021/7/24	公司发布重大风险提示公告	2017 年年报	3.5 年	标准无保留意见
8	002309.SZ	中利集团	隋田力案件	2021/4/28	非标财报审计意见	2017 年年报	3 年	标准无保留意见
9	603803.SH	瑞斯康达	隋田力案件	2021/6/2	公司发布子公司涉及重大诉讼公告	2019 年年报	1 年	标准无保留意见
10	300600.SZ	国瑞科技	隋田力案件	2021/7/16	公司发布重大风险提示公告	2017 年年报	3.5 年	标准无保留意见
11	688555.SH	泽达易盛	隋田力案件	2021/7/25	媒体质疑	2021 年一季报	3 个月	标准无保留意见

续表

序号	股票代码	公司简称	公司标签	爆雷日期	爆雷事件	天健财判_最早预警年度	提前预警	预警年度财报审计意见
12	000687.SZ	*ST华讯	隋田力案件	2020/6/15	非标财报审计意见	2017年年报	2年	标准无保留意见
13	002211.SZ	宏达新材	隋田力案件	2021/6/1	公司发布经营业务风险	2017年年报	3年	标准无保留意见

综上，本章所构建的"舞弊预警系统"呼应了监管数字化与智能化的转型需求，亦是进一步加强财会监督工作的重要手段。该系统第一阶段主要用于某证监局对辖区上市公司进行舞弊风险排查使用，后续经逐步优化完善，可扩展至证监会、财政部整体监管系统进行上市公司和非上市公司舞弊风险排查。此外，该系统对上市公司舞弊风险排查应用场景也可逐步扩展至金融机构和中介机构使用，如资管机构的股债投资场景可用于投资标的筛查和投后风险管理，又如资本市场中介机构（证券公司、审计机构等）可借助该系统和模型对持续督导上市公司、审计和保荐的上市公司或IPO企业辅助质控审核。

第7章

企业财务异常及舞弊识别和归因分析
——分析模型构建案例

7.1 监管场景分析

7.1.1 总体需求

须具备企业财务舞弊识别及财务异常识别的建模能力,且构建一套体系化的企业财务指标及标签体系,同时能结合业务场景进行定制设计与实施;模型框架、规则指标体系、行业分类、参数阈值、依赖源数据及处理逻辑等须系统用户进行充分沟通,完全开放,以实现可解释、可验证、可调整。

7.1.2 覆盖对象

覆盖对象包括公众公司及非公众公司。

1. 公众公司

(1)沪深交易所上市公司(含科创板);

(2)发债主体(如公司债、企业债、城投债、金融债、非金融企业债务融资工具、可转债及可交债),发债主体与A股上市公司存在重叠情形;

(3)资产支持证券(交易商协会ABN、银保监会主管ABS、证监会主管ABS);

(4)新三板挂牌企业;

(5)已公开披露信息的拟上市公司(指已向证监会、交易所提交上市申请并进行拟IPO企业)和拟发债主体,拟交易标的;

(6)已公开披露信息的新三板拟挂牌公司。

2. 非公众公司

未公开披露信息的拟上市公司、拟发债主体、拟交易标的、新三板拟挂牌申请主体；资产证券化产品发起机构／原始权益人、核心企业、重要债务人等非公开企业，及为资产证券化产品提供流动性支持等增信措施的企业。

7.1.3 模型要求

1. 模型内容

识别模型将围绕重点关注的属性、风险类别、高危特征与异常事件等因素在实施过程中予以确定，主要包括两类内容。

1）关联识别类模型

关于企业财务分析和风险预警，有许多因素来自企业外部和看似无关的主体，因此需要对企业关联因素进行判断，以支撑风险和财务分析，包括但不限于以下几种模型：

（1）关联方判定模型：需提供企业关联方规则，通过规则能得出某企业的关联方，重要关联方需要包含且不仅限于企业控股股东、实际控制人、企业法人、企业投资企业、控股股东／实际控制人控制企业、重要关联自然人及重要关联自然人控制的企业、企业诉讼方等、重要或疑似一致行动人／合作方等，关联层级需要达到5层以上；

（2）股权穿透模型：需提供企业股权穿透判定规则，包含且不仅限于控股人、股权变化预警等方面的分析；

（3）实控人判定模型：需提供企业实控人判定规则，包含且不仅限于实控人判定规则、数据和阈值等方面的分析。

2）财务分析类模型

对于确定的企业或主体，在第一类模型结果的支持下，按照一定的逻辑构建企业财务指标的分析体系，并根据指标体系进行分析、识别、预测等模型的建立，包括但不限于如下模型。

（1）财务报表分析模型：不同行业的财务特征不同，适用的财务分析模型存在差异，该模块应根据行业特征设置不同的行业财务分析模型，包含财务主成分指标（含通用指标、行业派生指标）、指标阈值或适用条件、权重等，并可根据各应用场景现有需求或未来需求，增加、调整相应指标、阈值或适用条件。

（2）财报可信度分析模型：财报可信度是识别财务异常、会计操纵或财务舞弊的重要模块，解决的是会计信息的可靠性问题，具有通用性特点，是其他财务相关性分析的基础。财务可信度模型应采用财务指标与多维度专家规则（如涵盖财税维度、行业与业务维度、股东治理维度、内控维度及数字特征维度、资金流转、客户与供应商关系等）联动分析方式，把握企业财务舞弊动机、舞弊手法及舞弊后带来的衍生效应，并通过多维数据进行交叉印证。同时，结合多维数据交叉印证结果，应对企业财务舞弊可能性进行定量预警，并针对预警相关事项应有可视化的因果推理过程。

（3）财务预警分析模型：该模块可基于具体应用场景及各部门风险偏好进行个性化定制与风险预警，解决的是会计信息的相关性问题；该模块一般可包括财务舞弊预警、财务健康预警、财务困境预警等，具体应根据各应用场景现有需求或未来需求，增加、调整相应财务预警模型。

（4）舞弊动机识别模型：舞弊动机的范围包括但不限于财务造假、财务粉饰、会计操纵、财务指标调节、资金挪用、激进经营等方面。从管理层业绩考核、股东的资金压力、发行人业绩承诺、保壳压力、股权激励、会计"洗大澡"、资本运作对业绩指标操纵的需求或压力（如融资时的财务指标承诺条款或限制性条款以及重组前或融资前对财务报表的粉饰动机）等常见动机入手，结合非财务信息、财务特征以及数据变化趋势，综合分析企业在不同维度是否具有财务或经营方面的高危异常特征。方案应根据自身具有投行内核或者审批经验的专家，对舞弊动机识别模型的构建提供专家经验或者技术支持。

（5）异常特征识别模型：基于舞弊动机的识别结果，结合专家经验与量化建模技术，设置经营与财报异常特征识别的规则引擎，将多维度的表外信息与财务指标进行联动分析，提示企业经营与财务方面的具体风险点以及进一步核查的线索。尤其针对具有明显舞弊动机的领域，进行经营与财务方面异常特征与风险事件的识别。

2. 模型分类

财务风险识别企业涉及到多行业多业务应用场景，识别模型需考虑不同应用场景分析对象、不同行业企业、不同数据可获取范围，定制多场景差异化的财务风险识别模型（一般含坏样本案例库、规则库、阈值库等）。财务风险识别模型应当根据风险类别、行业特征设置不同行业的财务预警与分析模型（对于财务特征具有显著差别性的行业应当单独建模，如房地产行业、金融行业以及城投债等），包含主成分指标、阈值及其他适用条件。

3. 模型效果评估

模型上线前，需以已知坏样本案例库作为本项目的测试样本，结合专家规则经验，通过抽样方式检验本模型的识别准确率，另外模型应具备持续迭代升级能力。

7.1.4 应用场景

以辅助财务风险识别为主要目的，拟结合财务异常特征识别模型，从舞弊动机、内部控制与股东治理完善程度、监管评价、财务指标的数字特征等维度，对企业的财报可信度及财务健康度进行分析，并快速识别企业经营以及企业财务异常方面的高危特征与异常事件，提示相关风险。

模型在财务异常分析及风险识别方面，应当具备通用性，以满足各项相关业务需求。受制于不同行业特点、商业模式差异等原因，不同行业的财务特征存在较大差异，故模型应当根据行业特征建立行业财务分析模型，包含通用指标、行业派生指标、阈值及其他适用条件等，具体的行业模型以实施阶段的讨论结果为准。

7.2 分析模型设计

本节重点介绍财务异常及舞弊识别中的分析模型设计。

近年来企业财务舞弊事件频发，舞弊人通过财务欺诈等违法违规手段，来为自己牟取经济利益，从而使其他投资人或利益相关者蒙受经济损失。对企业财务异常与舞弊的分析在监管工作中扮演着举足轻重的角色，分析财务数据是监管部门获取信息的重要途径。只有通过对企业的财务状况进行详尽分析，才能更好地了解企业运营的状况，发现潜在的问题和违规行为，从而采取相应的措施，遏制和减轻风险对企业和市场的影响。我们依照自底向上信息系统建模，通过汇总、归纳、提炼和抽象的方法，着重从企业财务舞弊分析的视角对数据模型、分析模型，以及功能模型的设计进行分析。

7.2.1 基础分析

随着金融科技中大数据、云计算和人工智能等技术的引入和革新，金融科技已经在逐步推动证券业的转型，科技赋能金融已成为脍炙人口的议题和未来的必然趋势。在资本市场的运作中，为保障投资者利益、接受社会公众的监督，上市公司依照法律规定必须将其自身的财务变化、经营状况等信息和资料向证券管理部门和证券交易所报告并向社会公众公开披露。近年来企业财务舞弊事件频发，舞弊人通过财务欺诈等违法违规手段，来为自己创造经济利益，从而使其他投资人或利益相关者蒙受经济损失。舞弊动机、手段呈现多样化、复杂化，有采取隐藏利润、高估费用来达到偷税漏税的目的，有追求业绩以提高管理层报酬的业绩舞弊动机，凡此种种不胜枚举。对财务异常及舞弊进行识别，在监管、投资、风险控制方面都有实际意义和价值。以 2020 年为例，沪深主板上市公司中被证监会行政处罚涉及财务问题的有 21 家。这些公司的财务问题往往是多年积累，事前、事中监管对这些问题进行识别将有助于监管机构排查风险，保护投资者。

7.2.2 市场主体监管分析

在尽调时，业务部门需要通过企业财务报表全面、快速地了解企业的财务状况、经营成果以及现金流情况，然而单纯从财务报表上看孤立的科目数据往往很难直观、全面地了解企业的状况，只有将财务数据进行一定的变换例如相关科目进行比率分析、同一科目进行波动率分析，才能判断其财务状况是否健康以及经营状况是否存有潜在的风险。财务智能预警平台通过大量财务、商务咨询、审计案例，梳理出适配于不同风险场景的财务指标体系，所形成的指标库涵盖了企业经营、盈利、流动性等多重维度的风险，并将其映射到相应的舞弊动机和手段，从各方面揭露矛盾，找出差距，充分认识未被利用的人力、物力资源，寻找利用不当的原因，从而为业务部门项目审核、风险监控提供有价值的线索。

针对不同的风险识别场景，结合专家经验归纳过往的典型案例，自上而下地构建"动机—手段—风险视角—异常特征—异常指标"五层的指标体系。从企业财务科目数据中，根据财务比率分析和财务舞弊案例的梳理提炼出包含 600 余个指标的指标池。通过数据的可获得性、是否能批量生成以及根据投行、内核以及风险管理的专家经验，筛选出待入模的财务指标。同时，提炼出 58 个非财务类指标对已有的财务类指标进行补充，如"高管离职人数 / 高管总数量""实际控制人是否发生变更"等。

统一财务与非财务数据的指标体系，创新基于案例整理研究系统地将非财务指标进行分类，构建了非财务指标分析体系，并将该非财务指标体系引入到舞弊识别模型中，突破现有识别模型仅包含财务指标及少数公司治理指标的局限性。

引入实时舆情事件和市场波动等高频数据源，进一步改善了基于财务数据的评级模型低频率的缺陷，提高了风险揭示的准确性。引入自然语言处理技术，对非结构化文本数据进行分析，提取风险事件，计算事件情绪烈度，识别事件类型分类和事件主体，通过知识图谱关系计算，不但可预警事件主体风险，也可揭示利益相关方的潜在风险。

7.2.3 经营机构监管分析

财务异常分析模型的分析对象是一般发债主体和 A 股上市公司。财务异常指标库以常见的财报分析维度为基础，筛选出底层数据完整度比较高并且有一定区分能力的指标。财务异常识别模型的指标分为八大类，即基础指标、偿债能力指标、成长性指标、杠杆比例指标、规模性指标、流行性指标、盈利能力指标、营运能力指标，其中基础指标 9 个、偿债能力指标 31 个、成长性指标 15 个、杠杆比例指标 25 个、规模性指标 10 个、流行性指标 24 个、盈利能力指标 38 个、营运能力指标 85 个，绝对阈值指标 8 个。

金融行业，包括银行、证券公司、公募基金公司、信用债担保公司以及保险公司类银行金融机构。所谓类银行金融机构，是考虑到集团财务公司、金融租赁公司、融资租赁公司、消费金融等机构均以承担信贷风险作为业务收入的重要来源，并且按照相关监管限制，该类机构均无储蓄类存款的融资来源，基于其上述性质相似性，形成类银行金融机构敞口，具体该敞口包括集团财务公司、金融租赁公司、融资租赁公司、汽车金融、消费金融公司、小额信贷公司、不良贷款资产管理公司。

7.3 案例介绍

7.3.1 数据集分析

1. 财务指标库的构建

1）基础数据源

指标数据构建包括公众企业数据及非公众企业数据。公众企业主要是包括A股上市公司和信用债发债主体。围绕上市公司和信用债发债主体收集数据，具体包括以下几类。

（1）财务数据。上市公司和信用债发债主体公开披露的年报中抽取利润表、资产负债表、现金流量表以及财报附注。

（2）年报数据。董监高及其离任情况、上市公司的关联方交易、关联方担保、主要客户销售额及其工商注册信息、主要供应商采购额及其工商注册信息以及业绩波动等。

（3）另类数据。行情数据、舆情数据、法律法规、第三方评级和审计数据。

（4）舆情数据。上市公司和信用债发债主体的重大负面舆情，例如经营环境发生变化、违法违规等。

（5）行情数据。上市公司股价。

（6）法律法规。涉及各个板块的IPO、再融资、债券发行等业务规章制度。

公众企业数据，包含如企业基本信息、关联关系、财务公告、舆情等。另类数据包含但不仅限于财务公告数据结构化、IPO招股说明书、债券募集说明书、重组报告书、审计报告等文件的表格智能提取、文本信息类以及内容的智能匹配。非公众企业数据由公司内部获取，提供相关数据录入模板和方便操作的数据录入功能，由业务部门人员录入或将数据整理成模板要求格式后导入。

2）基础数据质量管理

为保证数据高度一致性和及时性，基于数据比对平台，通过自动验证和人工运营整改机制保障数据质量。接入多方采集、加工的底层财务数据、资讯数据，从数据内容、时间、缺失率指标等多个维度比对验证，并辅以人工审核整改。

3）指标因子构建

基于上市和公开发债企业财报、年度报告、行情数据和舆情数据构建指标库，作为财务舞弊识别模型特征工程和规则分析的基础。财报舞弊分析采用多层次财报异常分析框架，识别企业财务报告中需重点关注异常信息、衡量企业整体财务报告质量。财报指标库主要指交易对手和发行人的财务因素，常见财报指标主要可以分为以下几类：

（1）流动性。例如常用的流动比率指标、速动比率指标等。

（2）成长性。例如常用的主营业务收入增长率指标等。

（3）杠杆比率。例如常用的资产负债率指标等。

（4）盈利能力。例如常用的总资产报酬率（return on total assets，ROA）指标、净资产报酬率（return on equity，ROE）指标等。

（5）营运能力。例如常用的存货周转率指标、总资产周转率指标等。

（6）规模。例如常用的总资产指标等。

4）财务舞弊动机指标库

美国学者劳伦斯·索耶最早于20世纪50年代提出了财务舞弊的三因素理论，即压力、动机和借口，我国上市公司财务舞弊动机也无外乎这三方面的原因，具体表现包括：为满足公开发行股票或债券条件进行财务舞弊；为保持上市资格进行财务舞弊；为达到进一步少交税款的目的进行财务舞弊；完成业绩承诺或市值管理目标进行财务舞弊；管理层为达到股权激励条件进行盈余管理。财务舞弊作为一个组织的行为，可以分解成"风险""动机""手段"三个部分。

财务舞弊风险是指导致企业财务舞弊动机的内在因素和外在因素。这些因素可以分解为宏观、中观因素和微观因素。宏观因素又可以分为经济环境与制度环境两个方面。企业中各类契约的形成，需要基于某个给定的外部经济环境与制度环境，而在这些契约中订立的各种指标，往往也是基于这些给定的宏观环境所设置，那么当这些环境出现变化时，已有契约指标就有可能出现无法达成情况。例如，企业如果在经济环境较好时期实施一系列经营和投资决策，而在决策完成后经济环境发生恶化，那么在决策时所形成的一部分契约就有可能出现无法完成的情况，此时企业就会有比较强的动机进行财务舞弊。同样，中观因素中的产业政策和行业特征变化，同样会对企业财务舞弊行为产生影响。

财务舞弊动机是指企业或个人为什么要进行财务舞弊行为。财务舞弊动机从性质上说是导致财务舞弊的内因。通过归纳市场大量的舞弊案例、法律法规和研究成果，形成舞弊动机类型库。

财务舞弊手段是最终形成财务舞弊行为的决定性环节，也是大多数财务舞弊识别系统所识别的对象。舞弊手段的选择取决于实施的成本。在现有的研究中，将实施财务舞弊的手段可以分为两大类：第一类是仅采用一些会计账面的调整办法和会计政策的选择，以达到某个特定目的。这类方式下，企业不需要配合实际业务调整，这种舞弊手段的实质是扭曲会计系统对于企业真实经营活动的反映，从而完成财务舞弊。第二类是直接从底层先调整相关经营活动，此时即便会计系统能够有效地运行，能反映出来的也是一个扭曲的经营活动。这种舞弊手段的实质是绕过了会计系统，直接影响企业经营活动，从而无论会计系统是否能够正常运行，都不能确保最终产生的会计信息是否为真实企业经营情况。

以案例库为基础，分析舞弊动机类型、舞弊手段、指标等，进而构建舞弊动机识别模型，梳理出舞弊动机类型包括达到监管要求、完成各类业绩目标、实控人利益输送、资本套利、争夺控制权，其中具体动机类型明细详见表7.3.1。

表 7.3.1　舞弊动机及详情

动机	详情
达到监管要求	IPO
	借壳上市
	提高新股发行价格
	融资资格条件或能力（配股、增发、发债、银行贷款）
	避免 ST
	避免被退市
完成各类业绩目标	完成业绩承诺
	完成业绩目标
实控人利益输送	上市公司向大股东输送资金
	关联方侵占上市公司资金
资本套利	资本套利
争夺控制权	内部控制权争夺
	反收购 / 并购（与外部收购方控制权争夺）

舞弊动机分析模型的分析对象是一般发债主体和 A 股上市公司。舞弊动机分析的指标库包括财务指标和非财务指标两类。财务指标分为八大类，即基础指标、偿债能力指标、成长性指标、杠杆比例指标、规模性指标、流行性指标、盈利能力指标、营运能力指标，其中基础指标 25 个、偿债能力指标 20 个、成长性指标 9 个、杠杆比例指标 23 个、规模性指标 7 个、流行性指标 10 个、盈利能力指标 23 个、营运能力指标 12 个。

2. 指标数据的探索性分析

在指标构建过程中，由于财报披露科目数据不存在或者不可获得性，导致部分指标缺失，2019 年 A 股主板 3700 余家上市企业相关财务舞弊数据集指标缺失情况如图 7.3.1 所示。

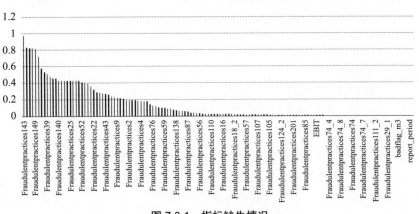

图 7.3.1　指标缺失情况

据统计显示，133 个入模指标中有 25 个指标缺失率超过 30%，我们认为缺失率超过 30% 的指标无法为模型提供有用的信息，且其利用算法填补后生成的样本数据会造成数据扭曲。例如改变数据真实分布或造成数据多重共线性，故对于这样的指标将其剔除。对于缺失率低于 30% 的指标，则考虑通过不同的方法对其进行补全，例如均值中位数填补、拟合回归填补等。

消除缺失值影响后，需要对变量的分布情况进行探索，如图 7.3.2 所示，判断其是否违背模型的基本假设或者是否适用于特定模型算法。同时，检验自变量之间、自变量与因变量相关性，对后续入模指标的选择亦有着重要影响。

通过对数据集中每个特征分布可视化，可以发现多数特征呈现左偏式分布，也就是特征数值大多集中在数值较低区域，这提示使用线性模型时需要对特征进行数值处理使其更接近于正态分布。同时，各个变量间的量纲大小差异较大，未来在构造模型时，对于特定算法例如线性回归或者支持向量机等，需要对其进行归一化处理。

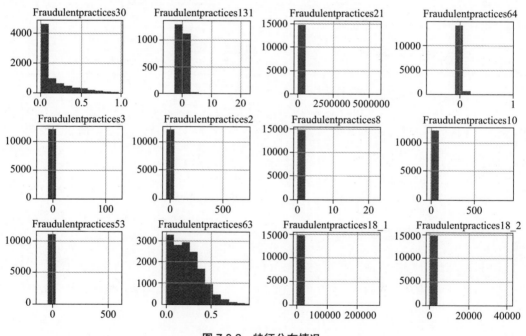

图 7.3.2　特征分布情况

7.3.2　小样本问题

1. 小样本问题的影响

在财务舞弊识别场景中，通过三类标准对阳性样本的标签进行定义：第一类是受到证监会行政处罚的企业，该类企业涉及因违反上市公司信息披露法律法规、财务舞弊等行为而受到证监会的行政处罚；第二类为交易所挂牌交易股票的上市企业，因其财务状况或其他状况出现异常而被交易所在其股票交易时进行特别处理，即 ST 股；第三类为收到交易所对其年报披露的问询函的企业。同时，为了确保问询内容或样本的选择与财务舞弊动机的相关性，规定问询函中需要提及"收入""存货""在建工程""费用""货币资金""成本""减值""营业外收入"等与财务相关的科目。

然而，在建模过程中发现，潜在风险企业即正样本的数量远远低于负样本的个数，正样本的比例占总体样本量的 10%~15%，这就使得财务舞弊动机识别成为了一个不均衡样本建模的问题。尤为显著的是，在舞弊识别领域中不仅样本量少，同时存在样本标注难度大，这需要领域专家通过大量的分析对企业池中的样本进行标注，从而产生极高的人力成本。那么，不均衡的小样本问题就成为了财务舞弊场景下亟待解决的问题。

2. 传统小样本问题解决方法

当实际应用场景中数量较少，为更好地学习特征，常采用小样本技术解决这类问题，工业界中普遍使用的小样本问题的方法有基于 fine-tune 方法，基于 metric 方法，以及基于 meta learning 的方法等。

基于 fine-tune 的方法指获得一定量的标注数据，然后基于一个基础网络进行微调。基础网络是通过含有丰富标签的大规模数据集获得的，称为通用数据域。再在基础网络的基础上，进而在特定数据域上进行训练。训练时，会固定基础网络部分的参数，进而对领域特定的网络参数进行训练。基于 metric 的方法是对样本间距离分布进行建模，使得属于同类样本靠近，异类样本远离。可以采用无参估计的方法，如 KNN。抑或通过学习一个端到端的最近邻分类器，它同时受益于带参数和无参数的优点，使得不但能快速地学习到新的样本，而且能对已知样本有很好的泛化性。基于 meta learning 的方法是通过自动学习一些应用于机器学习实验的元数据，来自动学习如何在解决不同类型的学习问题时变得灵活，从而提高现有的学习算法。通过使用不同类型的元数据，如学习问题的属性，算法属性（如性能测量）或从之前数据推导出的模式，可以选择、更改或组合不同的学习算法，以有效地解决给定的学习问题。

7.3.3 模型性能评估与应用价值分析

1. 性能评估指标的业务含义

根据模型计算得到来自不同行业的企业的预测概率，对各个行业内的企业进行排序。模型得到预测概率越高的企业意味着其成为财务舞弊企业的可能性越大，其相对于行业内其他企业的风险也就越高。根据模型与业务经验，设置 30% 为风险阈值，即行业内预测概率排名前 30% 的企业会成为实际业务中重点的风险关注对象。最终，通过计算模型预测结果中概率排序由大到小的前 30% 的企业召回了实际正样本的比率来衡量模型的性能效果，并称为 recall_30。

传统的召回率依赖于触发阈值的设定，例如假如设定阈值为 0.5，那么则认为模型预测概率高于 0.5 的企业为风险企业，低于的则为阴性样本。依照这样传统的逻辑，如果设置了一个绝对的触发阈值，则会忽略了行业均值的影响，系不同行业间的预测概率分布会具有一定差异，而往往风险企业的存在比例是相对稳定的。因此，recall_30 的意义在于其相当于针对不同行业设置了弹性的触发阈值，也更符合业务实务中的使用需求。

如图 7.3.3 所示，根据企业预测概率的高低分别将其划分为高风险、较高风险、关注类和正常类四大类，其比重分别为行业总体的 10%、20%、40% 和 30%，柱形图显示每类风险程度企业的预测概率均值。以图 7.3.3 所示三个行业为例，发现在高风险与较高风险类的企业中，传媒与广告业的预测概率明显高于农林牧渔和批发零售；而在关注类的企业中，农林牧渔的预测概率则高于另外两个行业。

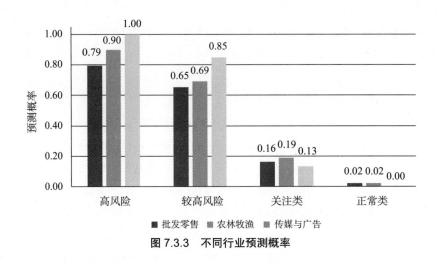

图 7.3.3　不同行业预测概率

2. 模型结果在证券业务领域的应用场景

经过 30 多年的发展，我国资本市场不断发展壮大，逐渐形成了满足多融资需求的市场体系，为中国企业的发展提供了广阔的平台，推动了我国经济健康稳定和可持续发展。然而，随着资本市场的发展，更多的问题也逐渐暴露在公众的视野中。近年来国际、国内企业会计操纵、财务舞弊及债券情况频发，舞弊人通过财务欺诈等违法违规手段，来为自己创造经济利益，从而使广大利益相关者蒙受经济损失，其动机、手段也日益呈现多样化、复杂化的态势，如隐藏利润、高估费用以偷税漏税抑或追求业绩提高管理层报酬从而业绩舞弊，凡此种种不胜枚举。在监管趋严、技术革新的背景下，财务异常舞弊识别对推动资本市场业务、风控转型、科技赋能金融具有重要的意义和价值。

传统财务舞弊识别，往往基于专家经验结合目标企业现阶段发展定位，梳理舞弊背后可能动机，结合舞弊手段库来对相关财务指标进行分析判断。相近行业以及往年数据都可以作为财务分析参考对象。但是，传统手段来识别财务舞弊行为存在如下不足：一个动机对应多个手段,再考虑到指标数目,数据分析工作量巨大;不同年份宏观背景不同,会影响这些指标的分析结果;要使分析结果具有更好实际效果,则需将专家经验结合起来。分析难免掺杂了主观认知,不同专家分析结果难免有所出入,缺少一个相对客观的参考标准;此外,舞弊案例占比绝对值较小,如果进行行业划分,就有一些案例极少的行业,使得总结该行业的案例手段,指标难度很大。

期望通过融合业务专家经验与前沿的大数据人工智能技术,探索改进传统财务舞弊识别中诸如工作量大、主观偏差以及小样本数据等问题,提升分析结果的准确性与可靠性。

3. 模型结果在科技监管场景中的应用场景

近年来,中国金融业步入了前所未有快速发展的新时代。在飞速发展的进程中,监管在防范金融风险的基础上,亦需要包容创新,发展监管科技是应对金融风险新形势的需要,也是解决金融监管瓶颈的需要。监管科技可以通过应用先进技术变革金融功能、业务模式,改变整个金融生态。财务预警系统,通过剥离部分公司内部数据,将主要功能开放给地方监管机构,使得有关单位对区域内企业的财务情况,有新的技术手段进行获取,使得区域内经济更透明。

第8章
人工智能赋能信用债违约预警
——监管场景分析案例

近年来，证监会陆续查办了一批债券信披违法违规案，涉案金额巨大[①]，经济后果严重，引发监管层及实务层的重大关切，借助人工智能等数字技术来事前预警债券违约具有重要的研究意义。基于实务经验及违约坏样本观察分析，构建债券违约风险预警模型需要解决两个核心难点：一是大型发债集团主要资产及盈利往往来自于其控股的上市公司或重要子公司，上市公司财务舞弊行为频发，往往也给集团公司债券风险判断带来误导；二是发债主体公开披露信息往往以合并报表口径展示，分部报告信息不足亦可能引发财报分析指标层面的误判或错判。因此，本章拟在"五维度舞弊识别模型构建与预警"基础上进一步拓展，探讨如何在债券违约风险模型中增加"股债联动"及"财报可信度"子模型，并借助于数字技术赋能来实现信用债违约风险事前预警的尝试与落地可能，以期为债券监管数字化转型提供有益参考。

8.1 监管场景分析

某证监局负责辖区证券期货市场一线监管工作，下设 7 个处室，其中与辖区信用债发债企业监管相关的处室为综合业务监管处。综合业务监管处负责监管辖区私募基金、公司债券发行人、资产支持证券原始权益人、资信评级机构等，同时需要配合地方政府相关部门打击非法证券期货基金活动，清理整顿各类交易场所，负责指导地方政府相关部门开展区域性股权市场监管工作等。

从监管业务内容来看，信用债发债企业监管相关的业务包括公告审核与现场检查工作，具体包括发债企业临时报告及定期报告审核、债券违法违规线索识别与现场监管等。

根据"监管科技工程方法论"，目前综合业务监管处债券监管工作属于按管理型流程型口径划分的业务，主要由 1 名监管干部负责监管、处长对监管干部的工作有复核监督职责，

[①] WIND 统计数据表明，2020 年至今信用债市场累计违约 567 只信用债产品、违约金额高达 4795 亿元。

监管对象涉及辖区 30 余家公司债发行人及 100 余只存量公司债券，同时需要连接证监会、审计机构、受托管理人等诸多对象，对接证监会中央监管信息平台债券监管系统及天健财判等多个内外系统，使用企业、审计及其他第三方资料，开展事前、事中、事后监管等多项业务活动，监管任务繁重，如图 8.1.1 所示。

在监管人员编制未增加且发债企业及存量债券日益增加的情况下，该场景面临以下两大痛点：一是跨系统手工衔接引发工作效率不高问题，主要系多个内外系统未打通所呈现的"烟囱林立""数据孤岛""条块分割"的现状，造成日常工作中涉及大量的手工处理所带来的效率问题；二是现有外部系统发现债券违约风险问题线索的精准度有待提升引起的工作效果问题。

图 8.1.1 债券监管业务示例

基于监管痛点，本章初步规划借鉴天健财判系统构建逻辑及债券预警模型（包括财报可信度与财务安全度模型），构建一套适用于信用债发债企业的债券风险预警系统（以下简称"债券风险预警系统"），通过数字技术赋能方式智能识别并联动发债企业本身、发债企业下属重要发债/上市子公司可能存在的债券违约风险，提升监管员工作效率和效果。

8.2 业务模型设计

根据证券期货业监管科技工程方法框架，科技监管工程模型设计采用"自顶向下""自底向上"的上下结合方式，从主线业务分类、业务模型设计、数据模型设计、分析模型设计、功能模型设计、用户模型设计六大核心步骤展开进行研究和分析。主线业务分类是在分析监管场景进行的基础上，对主线业务进行识别和分类。某证监局综合业务建管处负责辖区发债企业监管，相关债券监管业务包括公告审核与现场检查工作，属于按管理型流程型口径划分的业务。业务模型设计、数据模型设计、分析模型设计、功能模型设计、用户模型设计是在主线业务分类基础上对业务进行归纳、总结和重组后，完成信息资源规划。

在对某证监局债券监管场景业务进行分类分析基础上，初步规划借鉴"天健财判"系统构建逻辑及预警模型（包括财报可信度、财务安全度模型）；基于集团公司及其下属重要发债企业/上市公司的模型预警结果，构建一套基于股债联动的债券违约风险识别模型，进而在证监会中央监管信息平台中落地一套由"后台数据中心—中台模型引擎—前台功能应用"三层架构构成的债券风险预警系统。首先，借助后台数据中心接入和整合外部系统和数据；其次，通过中台模型引擎融合内外部系统和专家经验提升模型预警精准度；再次，通过前台功能应用进行相关数据和报告报表的展示应用；最后，打通该系统与内部其余工作系统，达到利用系统辅助监管员工作、提升监管员工作效率和效果的目的。

债券风险预警系统期望建立一个有助于事前识别乃至预测债券违约，有助于寻找并归类风险预警变量，并分析变量与违约之间关系的债券违约风险识别模型。

基于实务经验及违约坏样本观察分析，构建债券风险模型需要解决两个核心难点：一是信用债发债主体大多为大型集团公司，其往往涉及多主业或混业经营，主营业务分散在集团下若干家重要子公司中，而现有债券募集说明书及年度报告披露的大多为集团合并报表数据口径、分部报告信息有限，这给基于财报分析识别偿债能力风险等带来指标层面的误判或错判；二是大型发债集团少部分为控股型主体，本部并未有实际经营业务，主要资产负债及盈利往往来自于其控股的上市公司或重要子公司，上市公司财务舞弊行为频发，往往也给集团公司债券风险判断带来误导。因此，借鉴天健财判预警模型，创新性引入"股债联动建模思路"，在债券风险预警系统中构建一套基于股债联动的债券风险识别模型，通过大数据、人工智能等技术赋能智能分类、识别发债企业与发债企业之间、发债企业与上市公司之间可能存在的股权关系，并通过多主体财务舞弊及财务安全度模型预警实现对发债企业风险的联动预警与风险识别，进而判断存在债券违约的可能性，实现事前识别。例如东旭集团控股上市公司东旭光电、东旭蓝天等，基于天健财判预警，如图8.2.1所示，可将前述三家主体风险线索进行股债联动预警，以解决合并报表口径指标分析误判及上市公司财务舞弊对债券主体业绩粉饰的难点及痛点。

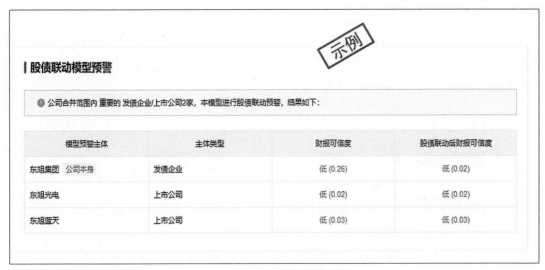

图 8.2.1　股债联动预警示例

8.3　案例介绍

8.3.1　系统总体规划

1. 系统模型构建

"债券风险预警系统"期望建立一个有助于事前识别乃至预测债券违约，寻找并归类风险预警变量，并分析变量与违约之间关系的债券风险识别模型，如图 8.3.1 所示。

图 8.3.1　系统功能示例

2. 模型落地规划

基于上述监管现状及痛点分析，初步规划进行监管的数字化与智能化转型，通过在证监会中央监管信息平台中构建一套由"后台数据中心—中台模型引擎—前台功能应用"三层架构构成的债券风险预警系统，如图 8.3.2 所示。

图 8.3.2　债券风险预警系统架构示例

债券风险预警系统通过构建中台功能应用实现债券违约风险预警模型配置和计算，通过构建前台功能应用和数据服务功能辅助监管员开展公告审核工作。

系统构建的整体功能架构如图 8.3.3 所示。

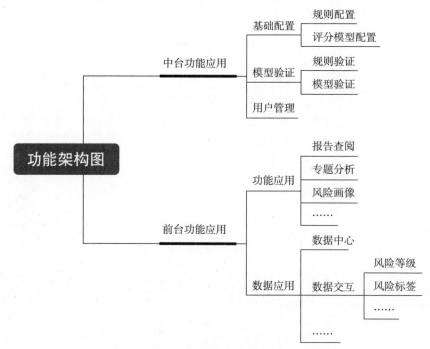

图 8.3.3　债券风险预警系统功能架构设计示例

8.3.2 系统预警效果

债券风险预警系统的基于股债联动的债券违约风险识别模型落地后预期拟实现以下三个重要功能：一是可对信用债发债企业联动其重要上市/发债子公司风险情况，进行股联联动债券违约风险实时预警与分类筛查；二是可查看重点债券违约预警发债企业的具体风险标签；三是可构建专属管理报表，协助监管人员分批分策略对重点发债企业进行专属预警，如图8.3.4 所示。

基于前述三大系统功能，可大幅提高科技监管效率与效果，辅助监管员快速筛查辖区高债券违约风险公司，并通过具体风险标签获取风险线索详情，为后续现场检查工作提供进一步核查线索。

项目	评价	2021年年报		2020年年报		2019年年报	
		样本数	占比/%	样本数	占比/%	样本数	占比/%
财报可信度	低	679	27.36	750	28.25	813	28.79
	中	1177	47.42	1271	47.87	1264	44.76
	高	626	25.22	634	23.88	747	26.45
	合计	2482	100	2655	100	2824	100
财报安全度	低	334	13.46	355	13.37	390	13.81
	中	887	35.74	1030	38.79	1172	41.5
	高	1261	50.81	1270	47.83	1262	44.69
	合计	2482	100	2655	100	2824	100
财报健康度	低	1123	45.25	1281	48.25	1388	49.15
	中	871	35.09	919	34.61	940	33.29
	高	488	19.66	455	17.14	496	17.56
	合计	2482	100	2655	100	2824	100

图 8.3.4 债券风险预警模型示例

债券风险预警系统落地后，借鉴天健财判财报可信度模型与财务安全度模型的融合，构建债券风险预警模型，以实现对发债企业及其重要上市/发债子公司进行股债联动债券违约事前预警，经初步测试，股债联动可更早预警债券违约。

复盘2021年和2019年债券违约案例的事前预警效果，股债联动后的事前识别准确率均在90%以上，如图8.3.5 所示。

- **2021年77家债券违约公司，复盘首次违约的24家发债主体**
- **以2020年报及公告信息进行智能预警，事前识别准确率逾91%**

评价	财报可信度		财务安全度		财务健康度	
	家数	占比	家数	占比	家数	占比
低	14	58.33%	9	37.50%	22	91.67%
中	7	29.17%	13	54.17%	2	8.33%
高	3	12.50%	2	8.33%	0	0.00%
合计	24	100.00%	24	100.00%	24	100.00%

图 8.3.5 分析模型精度示例

"债券风险预警系统"呼应了监管数字化与智能化的转型需求，亦是进一步加强资本市场股债联动监管的重要手段。该系统第一阶段主要应用于某证监局对辖区信用债发债主体进行债券违约风险排查使用，后续经逐步优化完善，可扩展至证监会、财政部整体监管系统进行信用债科技监管。此外，该系统债券风险预警应用场景亦可逐步扩展至金融机构用于风险管理工作，如资管机构的股债投资场景可用于投资标的筛查和投后风险管理、利用系统预警结果和风险标签辅助债券信用评级，资本市场中介机构（证券公司、审计机构等）在对审计/承销的发债企业进行质控审核过程中可借助该系统和模型进行辅助。

第 9 章 债券违约预测分析——分析模型构建案例

9.1 监管场景分析

9.1.1 总体需求

从业务发展角度来看，中国债券市场规模呈现较快增长，最近几年债务融资市场处于快速的发展轨道，企业通过债券市场融资的需求十分强劲。另外，债务发行人的信用等级呈现多元化，评级下调甚至发生违约事件的债券数量逐步增加，这对证券公司发行人信用风险管理，提出了更高的要求。此外，约定购回、股权质押、股票收益互换等信用类业务逐渐成为证券公司的重要收入来源。同时，场外衍生品等创新业务快速发展，也要求证券公司加强对交易对手信用风险的管理。

从监管环境角度来看，监管陆续出台《证券法》《证券公司监督管理条例》《证券公司风险控制指标管理办法》《证券公司全面风险管理规范》等法律法规和监管政策，要求证券公司建立健全与公司自身发展战略相适应的全面风险管理体系，对公司经营中的流动性风险、市场风险、信用风险、操作风险等各类风险，进行准确识别、审慎评估、动态监控、及时应对及全程管理。其中，信用风险是证券公司全面风险管理的工作重点。

从自身发展角度来看，债券违约风险分析项目是信用风险管理的核心项目，启动债券违约分析项目，建立和完善公司的内部评级体系，切实推进信用风险管理在各业务条线的应用将对公司的经营和风险管理产生重大而深远的影响。

9.1.2　覆盖对象

覆盖对象有公众公司及非公众公司。

1. 公众公司

发债主体（如公司债、企业债、城投债、金融债、非金融企业债务融资工具、可转债以及可交债）。

2. 非公众公司

未公开披露信息的拟发债主体、拟交易标的。

9.1.3　模型要求

1. 模型内容

识别模型将围绕本项目重点关注的属性、风险类别、高危特征与异常事件等因素在项目实施过程中予以确定，主要包括两类内容：

1）财务分析类模型

对于确定的企业或主体，在第一类模型结果的支持下，按照一定的逻辑构建企业财务指标的分析体系，并根据指标体系进行分析、识别、预测等模型的建立，包括但不限于以下三类模型。

（1）财务报表分析模型：不同行业的财务特征不同，适用的财务分析模型存在差异，该模块应根据行业特征设置不同的行业财务分析模型，包含财务主成分指标（含通用指标、行业派生指标）、指标阈值或适用条件、权重等，并可根据各应用场景现有需求或未来需求，增加、调整相应指标、阈值或适用条件。

（2）财报可信度分析模型：财报可信度是识别财务异常、会计操纵或财务舞弊的重要模块，解决的是会计信息的可靠性问题。具有通用性特点，是其他财务相关性分析的基础。财务可信度模型应采用财务指标与多维度专家规则（如涵盖财税维度、行业与业务维度、股东治理维度、内控维度及数字特征维度、资金流转、客户与供应商关系等）联动分析方式，把握企业财务舞弊动机、舞弊手法及舞弊后带来的衍生效应，并通过多维数据进行交叉印证。同时，结合多维数据交叉印证结果，应对企业财务舞弊可能性进行定量预警，并针对预警相关事项应有可视化的因果推理过程。

（3）财务预警分析模型：可基于具体应用场景及各部门风险偏好进行个性化定制与风险预警，解决的是会计信息的相关性问题；一般可包括财务舞弊预警、财务健康预警、财务困境预警等，具体应根据各应用场景现有需求或未来需求，增加、调整相应财务预警模型。

2）风险预警类模型

在以上三类模型的基础上，为了能够对项目评估、尽调、审核等工作提供直接的指导，还应构建包括但不仅限于以下风险识别和预警的模型能力：

（1）违约风险模型：结合偿债能力的量化分析结果、负面舆情事件相关程度与严重程度、关联方财务稳健度的传染性风险等因素，分析并识别违约风险事件及潜在违约风险事件；

（2）合规风险模型：结合企业业务门槛、重要事项隐瞒、虚构业绩等方面的因素，分析并识别合规风险；

（3）信用风险模型：结合担保过大、融资能力异常、增信方异常等方面的因素，分析并识别信用风险；

（4）运营风险模型：结合股东占款、资金走款合规性、盈利质量、客户和供应商关系等方面的因素，分析并识别运营风险；

（5）流动性风险模型：结合受限资产、借短投长、短期流动性、经营活动/投资活动/筹资活动现金流等方面的因素，分析并识别流动性风险；

（6）战略风险模型：结合收购无关资产、标的资产盈利存疑、交易性金融资产敞口异常等方面的因素，分析并识别战略风险；

（7）声誉风险模型：结合行业负面舆情、股东负面舆情、客户负面舆情等方面的因素，分析并识别声誉风险。

同时，应根据自身在各类风险预警模型构建过程的咨询经验或者开发的系统对该系列模型构建的相关内容进行补充。此外，本系列模型应当结合前述财务分析模型部分，对该企业的整体运营状况、资金使用效率、财务指标合理性、财务安全性等方面进行智能分析，辅助用户进行针对性的分析与调查。

2. 模型分类

财务风险识别企业涉及多行业多业务应用场景，识别模型需考虑不同应用场景分析对象、不同行业企业，不同数据可获取范围，定制多场景差异化的财务风险识别模型（一般含坏样本案例库、规则库、阈值库等）。财务风险识别模型应当根据风险类别、行业特征设置不同行业的财务预警与分析模型（对于财务特征具有显著差别性的行业应当单独建模，如房地产行业、金融行业、城投债等），包含主成分指标、阈值及其他适用条件。

3. 模型效果评估

模型上线前，需以已知坏样本案例库作为测试样本，结合专家规则经验，通过抽样方式检验本模型的识别准确率。另外，模型应具备持续迭代升级能力。

9.1.4 应用场景

从长远发展考虑，对公司所面临的信用风险进行准确的评估和测算，可以细化资本管理等指标，以确保公司对信用风险可测、可控、可承受，进而提升在资本市场的竞争力，进一步保障公司的科学和可持续发展。

模型可应用于约定购回、股权质押、股票收益互换等信用类等构成证券公司重要收入来源的业务。另外，场外衍生品等创新业务快速发展，也要求证券公司加强对交易对手信用风险的管理。

9.2 分析模型设计

依照自底向上信息系统建模，通过汇总、归纳、提炼和抽象的方法，着重从债券违约分析的视角进行分析。

确定回归的函数形式之后，指标的不同组合会形成多个备选模型，如何在众多备选模型中进行选择？常用的模型选择方法包括：向前搜索、向后搜索、逐步回归以及穷尽搜索。其中，向前、向后搜索以及逐步回归的优点在于能够较有效地获得一个较为满意的模型，对时间及空间存储的要求均不高。然而缺点则在于，难以将统计与经济含义结合起来。因此，我们需要通过一种更为灵活的搜索方式，来进行多变量分析。采用有约束的穷尽搜索方式确定指标权重。

基本原理：若直接穷尽所有的指标组合方式，则会带来巨大的难以承受的运算量。因此，通常采用有约束的穷举搜索进行多变量分析。通常而言，并不希望在一个模型中同一类变量的数目过高，因此往往在"有约束的穷举搜索"中依据行业的业务特征对各类变量在最终模型中的数目进行限制，而后基于这种限制进行变量组合分析。

Logistic 多变量建模需要进一步选择当前保留的变量，事先在约束条件下生成这些变量各个可能的组合，约束包括：

（1）每类变量最终进入多变量模型的变量个数。例如，假设可供选择的表示流动性的财务比率共有 4 个，其中只有 $S_{min} \sim S_{max}$ 个变量可以进入多变量模型（S_{min} 为模型中该类变量的最少个数，S_{max} 为模型中该类变量的最多个数）。如果 S_{min} 的取值为零，表示该类变量中可以全部都不进入多变量模型。

（2）多变量模型中的变量总数在 $T_{min} \sim T_{max}$ 之间（T_{min} 为模型中变量的最少个数，T_{max} 为模型中变量的最多个数）。

（3）变量系数合理性：在单变量分析中我们进行了变量转换，变量的取值映射为代表其风险程度的值（风险越高，对应的值越大），因此，在没有强相关变量互相干扰的情况下，最终的多变量模型中所有变量所对应的系数都应该为正数。因此，仅有所有变量的系数均大于 0 的模型才是合理的。

（4）变量系数均衡性：若在模型中，单个变量对模型的贡献度过高表明该模型的预测能力主要依赖于该变量，则模型的稳定性存在着一定的问题。因此，对于一个稳定的模型，我们并不希望某个变量存在着过高的贡献度。由于在单变量分析中的变量转换中，对变量进行了标准化处理，保证了变量量纲的一致性，因此可以直接根据变量系数的大小进行变量均衡性分析。一般而言，若一个变量系数占系数总和的比例超过了均分系数占比的 2 倍，认为该变量的主导性较强，则该模型的稳定性存在一定潜在问题。

基于每个变量组合，可以建立一个 Logistic 多变量模型，记录其采用的变量以及各自对应的系数。穷举所有可能组合后，对每一个组合检查以下各项：

（1）变量系数显著性：系数在统计意义上的显著性表明了该自变量对因变量的影响是显著而非随机的，也即模型的变量系数与 0 之间有着显著的差异。确保变量系数的显著性，这在一定程度上保证了模型的稳健性。通过变量系数的卡方检验来判断显著性，设定卡方检验的 p 值的阈值为 0.1，如 $p \leqslant 0.1$ 则认为变量系数具有显著性，否则则认为变量系数与 0 没有显著差异，仅有所有变量均通过系数显著性检验的模型才是有效的。

（2）模型共线性：若变量之间存在着较高的共线性则会引起系数估计的不可靠。事实上，在单变量分析阶段，基于变量两两之间的相关性分析已经在一定程度上解决了共线性问题。但是在本阶段，仍需要从变量组合的角度考察模型的共线性问题。以专家经验作为指导，将设置不同指标的权重范围，从而极大减轻甚至避免共线性引起的系数不可靠问题。

（3）模型区分能力：模型的区分能力一般可以通过 AR 等指标进行分析。AR 越高则模型的区分能力越强。在这里并不仅依赖 AR 挑选备选模型，主要是希望在区分能力满足一定的水平时，更多地基于业务适用性进行模型筛选。在这一步骤，设置 AR 的阈值为 30%。若 AR 低于 30%，则认为该模型的区分能力较差，从备选模型中剔除。

在进行备选模型筛选时，除了上述模型统计意义外，将同时参考指标的经济含义重要性。因此，将参考专家经验进行指标组合挑选，最终以形成综合统计意义和经济含义显著性的多个备选模型。

9.3 案例介绍

9.3.1 债券违约预测分析

从长远发展考虑，建立信用风险管理债券违约风险体系，对公司所面临的信用风险进行准确的评估和测算，可以进一步细化资本管理等指标，以确保公司对信用风险可测、可控、可承受，进而提升在资本市场的竞争力，进一步保障公司的科学和可持续发展。

9.3.2 预测数据标注及处理

1. 债券违约预测指标体系构建

模型开发过程中将涉及的两个指标清单。

（1）指标长清单：指的是评级模板的备选指标库，此备选指标库涵盖对信用风险具有一定区分能力的指标，有些指标对信用风险的区分能力显著，有些则相对较差。此处需特别说明，指标是无法穷尽的，因此构建指标长清单并非为了穷尽所有指标，而是应尽量完整覆盖具有一定区分能力的指标。指标长清单又可依据指标性质分为：定量指标长清单，指的是财务指标的备选指标库；定性指标长清单，指的是非财务指标的备选指标库。

（2）指标短清单：指的是评级模板的核心指标库，即对信用风险区分能力比较强的指标，最终评级模板的指标将来自于指标短清单。从长清单缩短为短清单过程中剔除的指标将不再进入最终评级模板。指标短清单依据指标性质也可划分为定量短清单和定性短清单。

2. 债券违约预测行业划分

敞口划分是结合风险特征和业务需求，对需要评级的对象进行分类，确定最终需要开发的模型个数的过程。

由于不同行业内机构的风险特征差异性很大，基于目前业务经验，尚未发现一套固定的指标对所有行业均具有良好的区分度，因此难以仅仅使用一个模型来覆盖所有的机构类型和行业，但同时模型的数量也不是越多越好。根据行业最佳实践，通常敞口划分应该遵循以下原则：

（1）重要性原则：重要业务和资产类别应单独分类，对规模较小且风险程度较低的，可简化或合并分类；

（2）风险一致性原则：即划入同一敞口的机构类型、资产类型风险特征应当基本一致；

（3）匹配原则：敞口划分结果应当与业务发展相匹配，能够代表当前及未来业务发展的方向。

同时，敞口划分还应当平衡数据限制、模型预测能力、稳定性和维护费用等因素。

（1）数据限制：敞口的划分首先应当考虑划分后各个模型的数据充足性。如果敞口划分过细，或者落入某个敞口的机构数目，违约数目（或"坏"机构）过少，那样会使得评级模型缺乏大样本的数据支持，进而造成统计模型的可靠性、稳定性降低；其次，根据行业研究，敞口划分的精细程度与模型的预测能力、稳定性、维护费用之间存在着制约关系。

（2）模型的预测能力和稳定性：模型的预测能力和稳定性随着模型敞口的细分逐步上升，但如前所述，当划分过细时，会造成落入各个敞口的机构数目过少，从而影响统计模型的预测能力和稳定性。

（3）模型的维护费用：模型开发完毕后，并不意味着可以永久使用下去。需要在日后定期/不定期进行模型的维护、监控、验证和优化/重新开发等工作，例如模型的关键参数可能需要每年进行维护更新。与此相应的系统也需随之更新。因此所需开发的模型数目将与模型的维护费用呈正相关关系。如果模型划分过细，需要投入非常大的人力物力来进行模型的维护。

因此，最终的模型敞口划分方案需要模型开发人员综合以上因素根据专家经验判断并结合数据分析最终确定，敞口划分过程步骤为：

（1）主要敞口类型：通过访谈的方式了解分析公司各部门当前以及未来拟发展的业务状况及各业务面临的信用风险的行业分布状况，可汇总出本次建模过程中需重点覆盖的敞口。

（2）建模数据量分析：本次评级模型的建模数据主要来自外部数据库及自行收集的定性数据样本。统计各个行业类型下机构数量，结合业务部门的需求，对数据量过少的行业进行合并，同时对数据量较多的行业进行进一步的细分。

（3）确定敞口划分方案：汇总上述两个步骤的分析，确定敞口划分方案，并定义每个敞口的适用范围。

3.债券违约预测样本定义及标注

好坏客户定义是模型开发的重要基础，模型开发的主要目的是对坏客户进行区分。债券数据不同于银行的内部数据，银行有违约数据记录是非常严重的信用事件，而国内发生债券违约的情况极少，因而需要除违约以外确定其他标准来定义坏客户。债券投资的外评参考基础为AA以上（含），因此以AA作为好坏客户的切分点是券商的通常实践，建模中将关注级客户定义为"坏"样本。因此，建模中使用的"好""坏"客户仅用于信用质量的相对排序，坏客户比例并不代表违约率，违约率将通过模型校准及主标尺进行估计。

"好""坏"客户与定性定量数据的映射：外部评级可能在一年中任意日期发布，而一般基于定期（如12月31日）披露的财报数据进行指标构建及信息分析。例如，外部评级2016年6月12日发布了某公司追踪评级，其主要基于2015年12月31日及其之前年份的年报信息进行信用分析。由于时间点存在一定错位，对数据进行关联时，其时间的映射规则为：

指定两个截止日期，其间至少相距12个月的评估期，收集一组预先设定的交易对手和发行人于较早的截止日期的评级资料（如财务数据），加入该评级主体于较后的截止日期的相关表现资料（是否为"坏"客户）。例如，考虑到财务数据的滞后期为4个月，通常将首个截止日期设为每年的4月底，假设为2015年4月30日为首个截止日期，2016年4月30日为第二个截止日期，则2015年5月1日—2016年4月30日的表现是与2014年12月的财务报表直接相关的，如图9.3.1所示。

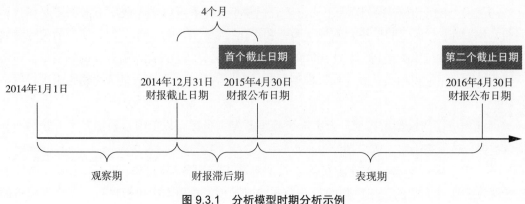

图 9.3.1　分析模型时期分析示例

9.3.3　预测模型构建技术

模型开发阶段，结合专家判断结果和统计法来确定指标权重。通过 AHP 方法收集内部专家对于指标短清单中各指标的重要性排序结果，该结果用于指导统计法的开发过程。在统计法的开发过程中，需要确定多变量分析的函数形式，即定量指标（统计学称之为自变量）和"好""坏"客户标识（统计学中称之为因变量）间的关系，以及多变量分析的主要方法。

在违约统计模型中因变量是不连续的二元值，0 或 1，即"好""坏"客户标识。线性模型要求因变量为连续值，在因变量为离散值时并不适用。这时 Logistic 回归方法较为合适。而且，用线性模型计算的因变量值的取值范围为负无穷到正无穷，无法控制在一定区间，而 Logistic 回归计算出的结果在 0 和 1 之间。因此，采取 Logistic 回归模型确定定量指标权重。关于 Logistic 回归的原理，请参见相关资料。

9.3.4　预测模型性能评估

如图 9.3.2 所示，违约模型验证从区分能力、稳定性，以及准确性三个维度，对模型进行评估。

（1）区分能力验证。主要考察违约模型是否可以对评级对象的风险大小，进行有效的排序。AR 值、KS 值，以及 Somer's D 值均为常用的区分能力验证指标。

（2）稳定性验证。主要考察违约模型结果的得分以及得分对应的评级级别的稳定性。换言之，不同年份的违约模型得分以及得分对应的评级级别，不会出现大比例的"骤降"或"骤升"的现象。评级级别迁移矩阵、PSI 值为常用的稳定性验证指标。

（3）准确性验证。主要考察违约模型对违约概率估计的准确性。通常，通过比较实际违约率以及违约概率估计值，可以获得准确性的验证结果。二项检验和卡方检验，为常用的准确性验证指标。

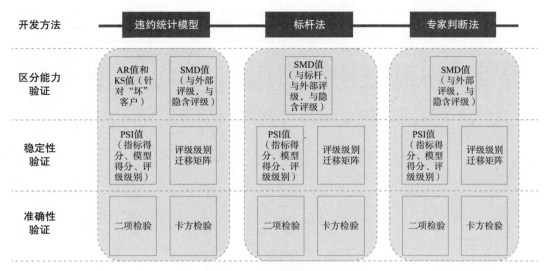

图 9.3.2　分析模型评估示例

违约模型的开发方法有三种，包括违约统计模型、标杆法，以及专家判断法。在不同的开发方法下，上述三方面的验证指标有所不同。

9.3.5　应用场景和价值分析

债券违约会给参与债券活动的各方造成损失。对投资者而言，债券违约导致投资者无法按时得到本息，并且后续求偿过程也具有程序繁琐、周期较长、兑付率低等难点，这不仅会给投资者带来经济损失，也会占用投资者大量时间和精力。而对中介机构而言，债券违约会使债券发行时作为其信用评级机构的公信力下降，会使承销商、托管人是否充分履行尽调、督导等义务受质疑。

债券违约模型基于公司的偿债意愿与偿债能力，从财务合理性、持续盈利、独立性和融资能力等财务风险视角，识别企业的偿债能力、盈利能力、规模、杠杠、营运、流动性等维度预测企业的违约风险点。

第10章

基于自动化智能监管平台对监管效能提升的研究——功能模型构建案例

10.1 监管场景分析

2008年国际金融危机之后，在各国政府都出台了强监管政策加强对金融市场监管背景之下，强监管政策极大程度刺激了金融科技监管与合规性的发展。随着欧洲巴塞尔协议Ⅲ（Basel Ⅲ）、美国多德-弗兰克法案（Dodd-Frank Wall Street Reform and Consumer Protection Act）、欧盟金融工具市场法规（Mi-FID）等监管法案的出台，传统金融监管手段与合规手段已无法满足当前监管与合规需求。近年来，人工智能、大数据平台、机器学习、舆情检测与预警等新兴技术的出现，科技与金融领域深度结合的方式正在改变整个金融市场，同时也给金融科技监管带来了巨大的挑战。

2017年5月，中国人民银行成立了金融科技委员会，首次提出了监管科技概念。6月，央行印发了《中国金融业信息技术"十三五"发展规划》，提出了加强监管科技研究。2018年，证监会颁布了《中国证监会监管科技总体建设方案》，监管科技进入实施阶段。2020年6月，证监会成立科技监管局，负责监管科技建设工作。2021年9月，证监会制定并印发了《证券期货业科技发展"十四五"规划》，规划指明了"十四五"期间，坚持系统观念，坚持创新驱动发展战略，紧扣"数据让监管更加智慧"主线，提升行业科技创新能力与数字化监管能力的基本思路及重点建设任务。

在中央层面，2018年证监会颁布《中国证监会监管科技总体建设方案》将监管科技划分为监管科技1.0、监管科技2.0和监管科技3.0三个阶段，并指出了监管科技3.0阶段目标在利用数据挖掘、机器学习等人工智能技术构建大数据监管平台，为数据标准化治理、数据资源共享提供支持。在地方层面，地方监管机构主要以与外部供应商合作开发为主，自身信息技术部门开发为辅，共同发展监管科技的模式。

10.1.1 场景分析

1. 金融知识图谱与 IPO 底稿核查

2023年2月1日，证监会就全面实行股票发行注册制改革主要制度规则公开征求意见，股票发行注册制度改革全面落地。4月10日，沪深交易所主板注册制首批10家企业上市。IPO发行进入常态化，企业上市效率将大幅提高。与审批制和核准制不同，注册制下监管部门主要负责审查发行人提交资料是否符合信息披露义务，从某种程度上降低了上市门槛，提高发行效率，淡化盈利标准，更加强化事中、事后监管，减少人为干预，有高效的退市机制，为部分之前难以上市的新兴优质企业上市创造了可能。

与2018年全球证券市场数据对比，注册制、混合制和核准制三种发行制度齐头并进的情况下，中国大陆实行核准制上市企业家数1792家。实行注册制的美国、日本、中国台湾上市企业家数达3000家，约为实行核准制上市企业家数的两倍。2021年度统计数据显示，科创板试行后，核准制IPO从受理到上市的平均排队时长需574天。其中，从受理到上会需455天，从过会到获取批文需86天，从批文到发行上市需33天。而注册制IPO从受理到上市的平均排队时长缩短至349天，其中，从受理到上会需171天，从过会到获取批文需134天，从批文到发行上市需44天，总时长缩短至核准制的1/2，比核准制快7个月左右。

关联以上两组数据，我们可以发现在全面实行注册制下，审核部门的工作量出现断崖式增长，随着超负荷的人工审核工作量上涨，上市的速度不仅没有变缓，反而发生了前所未有的提升。原因在于人工审核IPO招股说明书逐渐将转向机器审核，金融知识图谱、AIGC等技术的助力为注册制下IPO上市打通快速通道。例如，利用金融知识图谱进行完整性核查，核查招股说明书是否按照规则披露，招股书内容一致性核对以及与审计报告的多文本交叉比对，确保数据上下一致进行监管合规专业性核查，对招股说明书内容提供语义识别核查，对其质量和风险进行多重把控，如图10.1.1所示。

场景			产品模块			
大环节	证券细分场景	资产品类	文本理解	业务规则检查	关联关系分析	文档自动生成
发行环节	投行内核	科创板、主板、创业板、新三板、北交所 股票、债券、ABS	各类底稿的解析	全业务流程 资产质量检查		流程中各个环节的文档生成
	投行发行	科创板、主板、创业板、新三板、北交所 股票、债券、ABS	各类底稿的解析	全业务流程 资产质量和合规检查		生成招股书、募集书、专项计划、问讯函回复等
监管环节	交易所监管	科创板、主板、创业板、新三板、北交所 股票、债券、ABS	各类股票、债券 信披材料解析	全业务流程 资产质量和合规检查	资产风险检查、财务反粉饰	问询函自动生成
	银行间监管	债券、ABS、短融、理财产品	各类债券 信披材料解析	全业务流程 资产质量和合规检查	资产风险检查	问询函自动生成
研究环节	评级	债券、ABS	研究报告、信息材料解析		资产风险检查	评级报告自动生成
	投研	股票、债券	研究报告、信息材料解析		资产价值判断、风险检查、行业研究	研究报告自动生成
交易环节	资管	债券、基金	募集书、年报、资管合同的解析		投资尽调辅助	尽调报告、合同生成
	证券业基金	基金、ETF	各类信披材料解析		投资尽调辅助	简报自动生成
	证券托管	债券、SVP、QDII、基金、资管计划	指令解析、合同解析		资产净值化计算	

图 10.1.1 基于知识图谱技术在证券业务环节的应用概览

2. 舆情监测与预警分析

网络数字时代的高速发展，互联网成为大众获取信息的主要方式。网络信息的快速传播也成为了一把"双刃剑"，信息的获取更加便捷，可信息来源的渠道很多，一旦负面信息出现，传播的速度更快、范围更广。所以有效的信息监控、预防负面舆情对企业来说尤为重要。舆情管理已成为企业形象和品牌建设、声誉风险管理以及投资者关系管理不可或缺的重要组成部分。

新闻舆论工作对资本市场长期健康发展具有重要作用。一直以来，证监会高度重视新闻舆论工作，充分依靠新闻媒体进行政策传递，积极引导和稳定市场预期，推动资本市场健康发展。为了在资本市场中营造有利的舆论环境，上市公司和金融机构对于舆情管理也日益重视，积极进行日常舆情信息监控，关注上市公司舆情变化，了解市场热点和行业动态，努力提升公司整体形象。

受国际政经形势、金融市场变化、大宗商品价格波动、全球国际形势扑朔迷离等因素的影响，金融资讯信息量爆炸式增长。在监管层面，证监会及其会管机构，迫切需要科技手段，实现对证券公司、基金公司、上市公司等舆情信息的日常监控。在投资层面，研究员每天从海量的信息中萃取与研究和投资行业、资产标的、所属产业链等高度相关的有价值信息，需要投入大量的时间阅读资讯，并根据投资逻辑甄别舆情信息可能对投资研究带来的影响，效率低下。同时，也无法全面覆盖全网舆情，可能遗漏掉比较重要的舆情信息。

舆情数据的采集、清洗、分析、穿透关联等除了通用化的工程体系外，更多的还是要根据机构自身的投研架构与投资策略高度结合，自定义生产个性化的预警模型、关注的信息渠道才能准确地发挥资讯舆情对机构投资研究的辅助及风险管理预警工作。

3. AI 中台与自动化监管

2018 年后，人工智能技术经过长足的发展迎来较大突破，比如 Bert 模型横空出世，在 SQuAD 测试中（行业公认的机器阅读理解顶级测试），横扫 10 项 NLP 测试，"全面超过人类"，昭示着 AI 逐渐成为企业技术革新的关键驱动力。我国相继出台《新一代人工智能发展规划》《金融科技发展规划（2022—2025 年）》《十四五国家信息化规划》等政策，全面推动人工智能技术发展。到了 2022 年，AI 技术凸显商业落地成效，各行业认知趋同：中台一般由数据中台、AI 智能中台、业务中台三大关键部分组成，三者不可或缺。

如图 10.1.2 所示，业务中台主要是面向各业务条线，基于具体场景流程进行拆分，进行业务模块解耦，并沉淀公共业务模块可被复用，同时业务流转过程中产生各类型数据。该部分数据会流转入数据中台进行统一存储，并以约定的计算口径归集，实现数据全生命周期管理。而后数据中台的数据为 AI 智能中台的算法模型（或模型工厂）构建提供训练数据支撑。

第 10 章　基于自动化智能监管平台对监管效能提升的研究——功能模型构建案例

图 10.1.2　中台核心能力构成

其中，AI 智能中台愈发成为传统软件能力边界有限的突破口和创新点，其成熟度不断得到发展提升，为业务场景创新与执行流程颠覆注入了新鲜血液。据国际权威 IT 研究与顾问咨询公司 Gartner 报告称，中国 AI 软件市场将呈快速发展态势，预计到 2025 年市场规模达 138.58 亿美元，五年复合增速达 28%；且随着 AI 被广泛采用，以 AI 工程实践（AI 中台）实现 AI 产业化将成行业趋势。可以预见，未来面对多个单独场景的 AI 解决方案将会逐渐转变为可复用的，可共享的，可持续运营的 AI 智能中台解决方案。

对证券行业而言，技术发展大致经历电子证券、"互联网＋证券"、"AI＋证券"三个阶段，当前阶段如何利用 AI 技术实现业务模式创建，规避同质化竞争显得尤为关键。据中国证券行业协会发布的数据来看（来自智研咨询整理，《2021—2027 年中国证券行业发展策略分析及未来前景规划报告》以下简称《报告》），2015—2019 年中国证券行业收入仍以经纪、自营、信用为主，占比分别是 22%、34%、13%；其次投行、资管占比分别是 13%、8%，证券行业商业模式亟待转型。《报告》还指出，2019 年人工智能在证券行业主要落地场景案例达 292 个，落地场景主要是证券经纪业务，系统维护成为第二大落地场景，其他落地场景还包括风险管理、运营决策、资产管理、固定收益以及自营投资。随着 AI 应用成效的凸显，未来势必会改变证券更多前中台业务模式，覆盖更多的内容，包括智能投研、智能投行、量化投资、监管合规等领域。此外，还可能会对后台传统运营模式带来革新，在人力效率和成本效益两方面得到平衡与兼顾。

在证券监管领域，AI 智能中台可用于市场监管、参与主体监管、功能监管、发行监管等细分领域。比如在发行监管侧，可利用 AI 智能中台的智能抽取和智能核查能力，快速精准地从招股说明书等送审文稿中提取上千指标，代替原有的人工摘录的方式，自动实现合规性审核和指标勾稽检验审核，包括篇章目录格式、未披露信息、披露错误信息、申报前后引入新股东数量与持股占比、指标上下文一致性、发行人主体评级一致性等，从而把原有流程时效提升到分钟级别。

10.1.2 职能域分析

1. 金融知识图谱与 IPO 底稿核查职能域分析

1）某证监局公司监管一处

某证监局公司监管一处主要负责辅导备案、辅导验收、现场检查（包括由证监会发行部指派、沪深交易所请求协助的检查）等相关职能，并接受证监会发行部条线业务指导、培训与考评，为促进辅导监管与上市监管的有效衔接。部门由处长领导全处辅导监管等相关工作，处内干部作为监管员，具体履行辅导备案、辅导验收等相关日常监管职责。根据现场检查任务具体要求，适当调配处内其他干部参与。

2）交易所上市委员会

交易所上市委员会工作职责为对审核机构出具的审核报告以及发行上市申请文件进行审议，就审核机构提出的初步审核意见，提出审议意见；对发行人提出异议的不予受理、终止审核决定进行复审；对审核工作提供咨询等。上市委员会委员 30~40 名，主要由本交易所以外的专家和本交易所相关专业人员组成。上市委员会通过上市委工作会议的形式履行职责。上市委会议以合议方式进行审议和复审，通过集体讨论，形成合议意见。

3）证监会发行监管司

证监会发行监管司主要工作职责为拟订在境内发行股票并上市的规则、实施细则，以及发行可转换公司债券的规则、实施细则；审核在境内首次公开发行股票的申请文件并监管其发行上市活动；审核上市公司在境内发行股票、可转换公司债券的申请文件并监管其发行上市活动等。

2. 舆情监测与预警分析职能域分析（见表 10.1.1）

1）证监会

发行监管司：对于 IPO 公司进行审核，并核查拟上市公司舆情信息。

非上市公众公司监管司：对于新三板公司，并核查相关公司舆情信息。

证券基金机构管理部：证券公司、基金公司舆情监管、相关舆情政策制度的制定等工作。

公司债券监管司：监测债券市场运行，负责包含舆情在内的债券市场风险处置工作；协调债券市场统一监管执法。

期货监管司：期货公司舆情监管、相关舆情政策制度的制定等工作。

上市公司监管司：上市公司日常舆情监管、信息披露、年报审计等相关舆情核查，相关舆情政策制度的制定等工作。

公司债券监管司：债券业务相关公司的舆情监管、相关舆情政策制度的制定等工作。

表 10.1.1 职能域分析示例

序号	职能名称	职能描述	涉及部门/处室（含外部单位）
1	舆情监测总体协调	整体协调支撑舆情监测与处置工作	办公厅
2	股权业务舆情监测与处置	监管上市公司的总体舆情监测与舆情事件处置，政策制定	发行监管司、上市公司监管司
3	债券业务舆情监测与处置	监管发行债券相关公司的总体舆情监测与舆情事件处置，政策制定	公司债券监管司
4	金融机构舆情监测与处置	监管证券公司、公募基金、证券投资咨询机构等相关公司的总体舆情监测与舆情事件处置，政策制定	证券基金机构管理部
5	金融机构舆情监测与处置	监管期货公司的总体舆情监测与舆情事件处置，政策制定	期货监管司
6	新三板业务舆情监测与处置	监管内新三板公司的总体舆情监测与舆情事件处置，政策制定	非上市公众公司监管司
7	私募/打非业务舆情监测与处置	负责辖区内私募基金公司，以及金融打非的舆情监测与舆情事件处置	证券基金机构管理部
8	稽查事务工作	配合舆情案件处置，负责辖区内自立案件及证监会交办案件的调查、复核及相关协调、协查工作。负责配合地方政府相关部门打击非法证券期货活动，协助司法机关做好非法证券期货基金活动的性质认定工作；负责公安机关等部门来访工作	稽查局

2）证监局

（1）**机构监管处**：负责对辖区证券公司以及分公司、证券营业部、基金公司的业务活动进行监管；负责对辖区证券公司治理结构、证券公司及分支机构、基金公司内控制度的健全完善及运作情况进行监督检查；负责对辖区证券经营机构、基金公司的客户交易结算资金进行日常监管；负责对辖区证券、基金经营机构的风险进行监控和处置；负责建立证券、基金经营机构诚信档案；负责对辖区证券、基金经营机构的投诉进行调查处理；负责打击辖区非法证券、基金交易和非法证券、基金投资咨询活动；负责审核辖区证券、基金公司分支机构高管人员的任职资格，并进行日常监管；负责对证券投、基金资咨询机构进行监管。在舆情监管方面，负责证券公司、基金公司的舆情监测与处置工作。

（2）**期货监管处**：负责对辖区期货经营机构、期货投资咨询机构及从业人员的业务活动进行监管；负责对辖区期货经营机构净资本、信息系统、客户资产进行监管；负责对辖区期货行政许可事项进行审核；负责监控辖区期货市场风险，处置期货市场违法违规行为；负责建立期货经营机构诚信档案；负责协助地方政府及有关部门开展推动辖区期货市场发展的有关工作；在舆情监管方面，负责期货公司舆情监测与处置工作。

（3）公司监管处：负责对辖区内上市公司、股份权融资/债券发行公司进行监管，包括进行现场监管，对上市公司的定期报告、临时报告等信息披露文件进行事后审阅；负责对相关公司治理结构的规范情况进行监管；负责对辖区相关公司并购重组和再融资出具持续监管意见，对保荐人履行持续督导义务进行监管。组织上市公司董事、监事及高管培训；负责建立健全上市公司监管协作工作机制、上市公司退市风险防范工作制度；负责审计及评估业务监管工作；在舆情监管方面，负责上市公司、股份权融资/债券发行公司日常舆情监管监测与处置。

以派出机构某证监局的舆情监测相关工作职能如表10.1.2所示。

表10.1.2 派出机构舆情监测职能域分析示例

序号	职能名称	职能描述	涉及部门/处室（含外部单位）
1	舆情监测总体协调支撑	协调支撑舆情处置工作，办公室问题汇报，或者接收会办公厅工作安排	办公室
2	股权业务舆情监测与处置	负责辖区内IPO、上市公司的舆情监测与舆情事件处置	公司监管一处
3	债券业务舆情监测与处置	负责辖区内债券业务相关公司的舆情监测与舆情事件处置	公司监管二处
4	金融机构舆情监测与处置	负责辖区内证券公司、公募基金、证券投资咨询机构等相关公司的舆情监测与舆情事件处置	机构监管处
5	金融机构舆情监测与处置	负责辖区内期货公司的舆情监测与舆情事件处置	投保处
6	新三板业务舆情监测与处置	负责辖区内新三板公司的舆情监测与舆情事件处置	会计处
7	私募/打非业务舆情监测与处置	负责辖区内私募基金公司，以及金融打非的舆情监测与舆情事件处置	综管处
8	稽查事务工作	配合舆情案件处置，负责辖区内自立案件及证监会交办案件的调查、复核及相关协调、协查工作。负责配合地方政府相关部门打击非法证券期货活动，协助司法机关做好非法证券期货基金活动的性质认定工作；负责公安机关等部门来访工作	稽查处

3）交易所

对上市公司信息披露、年报审计等情况开展检查，并同时开展舆情信息核查；对上市公司日常舆情信息监测。

3. AI中台与自动化监管职能域分析

据监管业务时序分为事前监管、事中监管和事后监管三类。

事前监管是为事前相关资质审核和审批，在监管对象进行某个行为之前，证券管理机构采取必要手段进行监督和管理，防止损害发生。如行政许可业务是证监会重要的监管职能之一，主要是对申请进入从事债券融资资格的机构或个人的事前监管。比如对发行人而言，需要提供财务数据、企业经营数据、审计报告、债券募集说明书、评级报告（若有）等进行审核。

事中监管是指监管对象在进行某个行为的过程中，对其行为的正确性和规范性实施的监管。如针对上市公司发债之后的信披监管、还债风险监管等。

事后监管是指监管对象的某个行为发生后，对其行为的正确性和有效性实施的监管。如债券融资稽查处罚方面，主要包括违法违规行为线索发现、违法违规行为稽查认定、违法违规行为处理处罚。

经调研，债券业务在证监会监管体系中大体流转如图10.1.3所示。

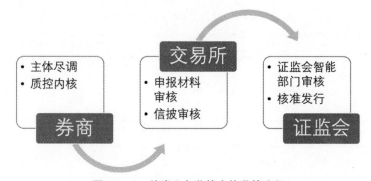

图 10.1.3　债券业务监管大体监管流程

债券业务监管流程始于主承销商，也即券商。券商债券发行项目组通过完成主体尽调相关工作后，撰写募集说明书等材料，并准备好审计报告等辅助性申报材料，内容通过质控部门、内核部门对申报材料的审核后，申报材料上传至交易所进行审核。而后，证监会履行注册程序针对相关问题发出问询函。与此同时，证监会可以委派当地派出机构对发行主体现场进行检查，形成检查报告并予以反馈，最终核准发行。

在监管机构侧，对债券进行监管的部门主要包括公司监管二处、监管司、机构处、交易所。通过多个部门间的相互协作，以防风险、促发展为核心理念，充分利用债券科技监管系统，实现事后监管向事前监管，并及时预防与发现风险。

（1）公司监管二处。负责辖区上交所科创板和深交所创业板上市公司的日常监管、现场检查、投诉处理等工作。

（2）监管司。拟订监管债券市场的规则、实施细则；审核债券市场的自律管理规则；审核公司债券公开发行并监管相关发行上市活动；监管公司债券非公开发行和转让活动；拟订资产证券化产品发行上市交易的监管规则、实施细则并监管其发行上市活动；协调指导证券自律组织的债券业务；审核证券资信评级机构从事债券业务的资格；监管证券中介和服务机构的债券业务活动；监测债券市场运行，负责债券市场风险处置工作；协调债券市场统一监管执法；负责债券市场部际协调工作等。

（3）机构处。负责辖区证券经营机构、异地证券公司在深分支机构、外国证券机构驻华代表处、证券公司类基金托管机构等相关市场主体的日常监管、现场检查、投诉处理等工作。

（4）交易所。对证券交易所活动的监管职能；对会员进行管理，包括取得会员资格的条件和程序；席位管理办法、审查会员的业务报告等。

1）职能域部门业务分析

债券监管所涉及的四个部门公司监管二处、监管司、机构处、交易所，其职能有所不同，业务分析如下（以某证监局为例）：

（1）某证监局公司监管二处（见表10.1.3）。

表10.1.3　职能域部门业务分析示例

序号	工作项名称	工作项描述	所属职能域	涉及部门/处室（含外部单位）	关联工作名称
1	收到发债主体现场检查事项	证监会发行监管司或沪深交易所通过正式公文向我局发来现场检查相关事项，经领导签批后，交由处室具体承办	派出机构辅导检查域	公司监管二处	准备现场检查、开展现场检查、形成检查结论、反馈检查结论
2	准备现场检查	经处室内部讨论研究，做好检查人员组织，检查方案制定等前期准备	派出机构辅导检查域	公司监管二处	开展现场检查、形成检查结论、反馈检查结论
3	开展现场检查	聚焦检查重点，运用多种核查手段开展现场检查，并初步形成检查结论	派出机构辅导检查域	公司监管二处	准备现场检查、形成检查结论、反馈检查结论
4	形成检查结论	经过处室内部充分讨论后，最终形成一致性检查结论，并在内网发起出具正式检查报告的流程	派出机构辅导检查域	公司监管二处	准备现场检查、开展现场检查、反馈检查结论

续表

序号	工作项名称	工作项描述	所属职能域	涉及部门/处室（含外部单位）	关联工作名称
5	反馈检查结论	经领导签批后，正式向证监发行监管司或沪深交易所反馈检查结论	派出机构辅导检查域	公司监管二处	准备现场检查、开展现场检查、形成检查结论

（2）交易所（见表10.1.4）。

表 10.1.4 交易所部门业务分析示例

序号	工作项名称	工作项描述	所属职能域	涉及部门/处室（含外部单位）	关联工作名称
1	债券发行申请受理	发行人通过保荐人以电子文档形式向交易所提交发行上市申请文件，交易所收到发行上市申请文件后作出是否予以受理的决定	交易所审核域	交易所审核部门	债券发行申请审核
2	上市申请审核	交易所审核机构通过审核发债主体相关申报材料，并发出审核问询，发行人及保荐人应及时、逐项回复问询。审核问询可多轮进行	交易所审核域	交易所审核部门	债券发行申请审核
3	报送证监会	将审核意见、相关审核资料和发行人的债券发行申请文件报送证监会履行注册程序。证监会认为存在需要进一步说明或者落实事项的，可以要求交易所进一步问询	交易所审核域	交易所审核部门	证监会注册

2）职能域部门业务流程

监管机构面向债券监管整体业务过程如表10.1.5所示。

表 10.1.5 债券监管业务分析示例

业务过程	实体	业务活动
债券发行注册、备案	交易所	债券发行审核、发行债项备案、发债主体监管
	监管司	发行债项备案
日常监管	公司监管二处	现场检查、上传检查报告
	机构处	发债主体监管

基于上面业务流程分析，其大体业务流程图如图 10.1.4 所示。

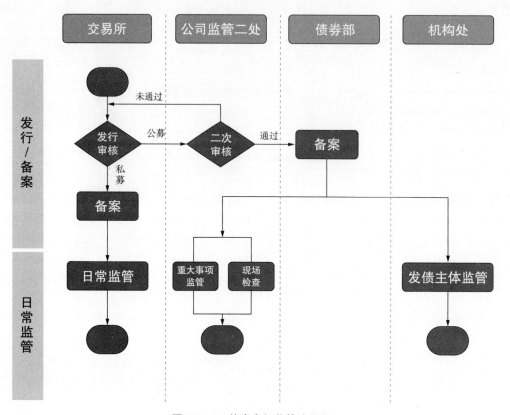

图 10.1.4　债券发行监管流程图

10.2　功能模型设计

投行债券融资监管中，功能模型的设计如表 10.2.1 所示。

表 10.2.1　功能模型分析示例

系统	子系统	功能模块
模型上线管理系统	预置模型管理	模型启动/下线等
	自定义模型管理	模型启动/下线等
建模管理系统（模型工厂）	机器学习建模	字典管理
		数据标注
		质控管理
		模型训练
		模型预测

续表

系统	子系统	功能模块
建模管理系统（模型工厂）	专家知识建模	流程画布
		规则编辑
		模型调试
		模型调用
权限管理系统	用户管理	用户创建、删除、禁用等
	用户组管理	用户分组、删除、移动等
	角色管理	用户角色、组角色、角色自定义等
系统管理	界面管理	布局、配色自定义等
	项目管理	项目创建、删除、修改等

10.3 案例介绍：构建监管 AI 智能中台

10.3.1 监管 AI 智能中台能力介绍

AI 智能中台就像一个齿轮，一方面有力黏合与维系中后台，另一方面提供源源不断的动力驱动前台快速前进。具体就是面向各业务条线的复杂场景和应用目标，进行共性 AI 能力模块的建设，实现可复制、可共享、可扩展、可运营。AI 智能中台可划分为三个核心层次，如图 10.3.1 所示。

一般而言，以模型（模型工厂）为核心进行延伸。

数据处理就是能够收集来自债券融资业务线条的异构数据（特别是文本数据）进行统一的汇聚与转换处理，能够"读懂"数据中包含的基本语义信息与特征，并输出面向模型工厂的样本集。

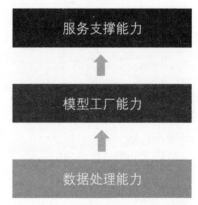

图 10.3.1 AI 智能中台能力层次划分

模型工厂提供预训练模型，并能够支撑用户自定义建模，其包括基础 AI 套件（NLP、OCR、知识图谱等）、模型全生命管理能力（模型标注、训练、预测、质控等）、算法调参能力（参数修改、模型替换、并行调用等）。在此层，核心的任务是面向债券申报、发行监管等各个环节，基于具体场景流程进行拆分和业务模块解耦，并沉淀公共模型，可被复用。

服务支撑，能够被债券监管域消费与集成的能力。此层核心任务是要定义好业务应用交互边界，提供参与到业务流程中各模型的管理能力，包括调用次数监控、服务状态监控、数据留存等，并借助新业务数据的不断输入形成良好循环，强化模型的健壮性。

从债券融资监管自动化和流程化的角度出发,要实现自动化可从四个方面进行设计。

1. 平台化

平台化主要体现在两点:一是把过往大部分人工处理的工作,充分利用人工智能进行代替或者优化;二是把线下的业务流程进行线上化,达到增速降本的目标。平台化能够把过往的业务流转周期进行缩短,并提供统一作业监视界面,使得过往的低效人力输出转移到 AI 智能化中台的模型计算。比如在债券融资监管的场景里,涉及债券募集说明书、审计报告、信用评级报告、财务报表债券年报等文本对象的处理,纯人工处理面临以下几个挑战:

(1) 监管端对投行送审件在质量和时效上有高要求;

(2) 发行文档篇幅长,跨周期人工修改易犯错;

(3) 发行涉及底稿繁多,交叉审核验证不容易;

(4) 处理低级错误导致审核人员不能专注项目实质风险把控。

以上这些难点,均可基于 AI 智能中台实现自动化关键信息摘录,并面向监管条例制定审核规则进行智能初审,从而极大地提升工作效率。人的工作变成对机器初审结果进行二次复核,保障业务严谨性。

2. 数字化

以往大部分企业更多在于构建业务洞察分析能力,却忽略了数据基底建设,这个相悖过程往往导致最终的数字化成果大相径庭。要实现数据驱动,辅助决策的第一步就是要夯实数据基底。数据类型包括非结构化数据、结构化数据、半结构化数据,非结构化数据占比 80% 以上。证券监管单位更是非结构化数据输出的重型单位,但从过往调研来看,对此类型数据处理能力还偏弱。因此 AI 智能中台必须具备非结构化数据处理能力,能够对包括债券融资业务域的工作底稿、内控合规过程文件、送审文件等各过程输出物进行结构化提取,输出形成能够描述业务的各类型指标,从而为下游的数据应用分析提供有力支撑。

3. 智能化

AI 智能中台需要面向前中后台各业务条线,充分契合业务场景和目标,对业务过程进行合理剖析和拆解,抽象出可复用、可共享、可组合的算法模型(特别是面向监管端的抽取模型和核查模型)。算法模型具备业务属性,能够达到开箱即用或快速训练后可投产的状态。当有新业务场景需要拓展的时候,能够快速进行多个算法模型组装,能够通过串行处理、并行处理或两者结合的方式快速被调用,真正做到 AI 驱动技术变革,技术变革赋能业务模式创新。

4. 可持续运营

过往 AI 项目的建设大多没有做好长期规划,导致 AI 平台可持续运营差,主要体现在以下三点:

（1）没有对整体业务进行纵向和横向剖析，相对分散零散，只聚焦某些业务点进行 AI 能力建设，烟囱形态明显；

（2）从建模到最终业务的应用，建设周期长，缺乏积累，前期成果定制性强，无法共享复用，以致每次新需求的落地都近似从零开始；

（3）模型黑盒，技术人员无法干预，业务人员无法理解，缺乏面向业务的可解释性。

基于以上分析，可以看出 AI 智能中台需具备良好的可持续运营性。AI 智能中台立足点必须是基于业务条线的多个场景出发，综合衡量业务的全局性。同时 AI 智能中台可预置面向证券行业的监管模型，能够进行模型管理，即向上支撑模型根据业务特征进行微调与快速构建，向下可支撑对预训练模型的调整和二次开发。最后 AI 智能中台能够同时兼顾业务应用和技术应用视角，提供友好易用的操作体验，能够在未来支撑监管科技持续创新。

10.3.2 监管 AI 智能中台建设路径

1. 建设原则

（1）顶层规划，分部配合：基于业务场景应用需求和目标，统一规划 AI 智能中台，做到各业务条线的相关部门信息互通，保持步调一致，同时体现创新与亮点。

（2）技术驱动业务场景落地：充分考虑 AI 智能中台与业务场景的契合点，应基于具体的、实际的、有价值的业务景进行评估和创新，真正做到让 AI 技术驱动业务场景落地与创新，保持技术的先进性，满足未来更多场景的应用与落地。

（3）能力拓展，试点验证：充分保障平台的延展性，在聚焦当前短期业务需求的情况下，也能够汇聚未来需具备的能力。同时，做好共性与个性需求开发与实施排期。采用渐进的方式，以某个业务场景作为切入点，多方验证，打造良好的场景创新与赋能模式。

2. 建设蓝图

从整体建设蓝图来看可分层三个层次（见图 10.3.2）：

（1）夯实包含 NLP、NLG、知识图谱、OCR 等前沿 AI 技术基底，为上层应用提供有力支撑。

（2）基于基础 AI 技术进行算法模型组装，其最基本的能力为对来自债券融资业务领域的文本数据进行语义理解，包括分词、词性分析、句法树分析、命名体识别等，并基于之上构成抽取模型、核查模型、生成模型，前两者与监管智能化强相关。在构建模型工厂过程中，还需建设基于 MLOps 的全生命周期管理模式。

（3）面向证券业的债券融资域的业务场景和目标，融入业务流转过程中的产生的数据源，构建对应业务模型，业务模型可单一调用，可组合调用。比如债券发行监管环节，可以自动化实现申报材料一致性审核和有效性审核、债券募集说明书的财务指标和非财务指标审核等。

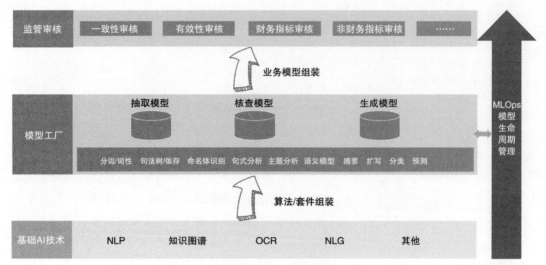

图 10.3.2 建设蓝图

3. 建设步骤

建设 AI 智能中台不能一蹴而就,需要分多阶段进行。一般而言有,主要分为三个阶段:

(1)数据统一阶段,平台可集数据采集、生产、融合、管理、应用功能于一体,形成统一的数据标准与数据口径,成为连接前后台的变速箱。此过程中,如何对业务条线的非结构化数据进行结构化提取,以及对提取结果的后处理(包括日期归一、单位归一、实体对齐等)显得尤为重要。

(2)模型统一阶段,将数据与应用场景紧密结合与建模,向上抽象可拆分的最细粒度业务模型,组合封装成 AI 智能中台模型库。比如都是抽取模型,但在业务侧体现为信用评级报告、债券募集说明书抽取模型、审计报告等不同业务应用类型。随着模型不断积累,业务可创新边界不断扩大。

(3)服务统一阶段,在基于前两者的基础上,可面对具体的业务模板进行相关业务模型的组合封装,可以只调用一个模块,也可调用多个模块,一切以达成业务模板为导向。在此过程中,往往会改变过往流程执行的方式,变得更加精简。

以债券融资业务为例,其业务主流程大体如图 10.3.3 所示。

从图 10.3.3 可以看到,面向监管有 3 个核心环节:质控与内核、监管核准、存续服务,共性模型为抽取模型和核查模型(前者为后者服务)。基于模型实现智能核查,是实现从事后监管向事前监管的核心技术手段。

(1)质控与内核。对于主承销商而言,编制申报文稿时,如何保障满足监管要求显得至关重要,此过程一般要经过质控部门、核查部门的两次核验来把关。如一份债券募集说明书,100~300 页,监管要求高,人工核查容易出错且效率低下。该环节可基于 AI 智能中台的抽取模型和质控审查模型提供智能应用服务,包括债券募集说明书智能核查、审计报告交叉核验等。

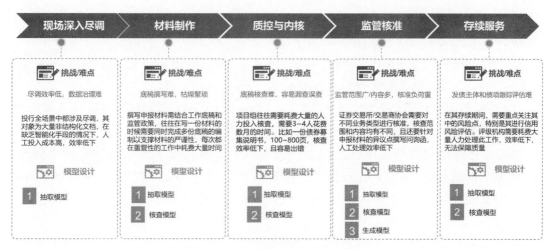

图 10.3.3　债券融资业务主流程

（2）监管核准。监管机构一样可以基于审查模型和撰写模型实现债券发行核查，监管视角会增加更多丰富的内涵，比如申报材料的完备性、日期有效性、财务防粉饰等。

（3）存续服务。对于存在各类型债券，往往还需要对其发债主体和债项进行风险监控与评估，且需要根据监管定期披露相关信息。该环节可基于抽取模型实现评级报告、债券年报、公告等各类信披对象的指标获取，并智能核查其是否满足监管要求。

从过往落地经验，基于 AI 智能中台可以设计如下智能核查模型，来满足监管端的智能化提升，从而推动事前监管演进。

10.3.3　监管 AI 智能中台快速迭代设计

1. 模型快速迭代设计

模型的快速迭代，其本质就是为 AI 智能中台搭建良好的运营模式，即以全生命周期的视角去管理模型工厂。可围绕以下几方面进行。

1）纲领统一

人和组织是项目成败的关键性影响因素。要改变以往业务条线各自建设的烟囱模式，从管理上进行规范，从审批流程上进行制约。基于"自上而下"的原则，高层统一指导，做到各部门思想一致和行动协同，只有各部门对齐目标，才能发挥向心力的作用。此过程中需要把各业务条线诉求进行归拢并抽象成各个业务模型，提供各业务诉求的统一对接口，做好整体统筹规划。

2）算法模型可扩展性与迭代

算法模型是 AI 智能中台的"大脑中枢"所在，对债券融资的数据和业务"认知"均集中于此，它让机器具备了拟人的"思考"能力，因此算法模型的可扩展性显得非常重要。一般有两条途径：

（1）借助外部的力量进行不定期更新，获取更强"算力"。AI 技术的不断发展进步，模型的处理手段和精度得到不断提升。若是采用专业厂商共同合作的方式，则可借助其力量，将走在行业前沿的最新成果更新到 AI 智能中台，让平台不断"进化"。

（2）AI 智能中台打破以往的黑盒限制，提供自行创建新模型的操作界面，不断降低 IT 门槛，让模型可以被自定义，从而自驱迭代。此过程一般涉及两个层面：

向上：面向业务场景和应用目标，提供数据处理、数据标注、标注质控、模型训练、模型评估、模型预测、模型应用全流程可视化操作。算法模块能够沉淀下来为后续场景拓展提供快速复用和共享，相当于为未来模型迭代提供基座，如图 10.3.4 所示。

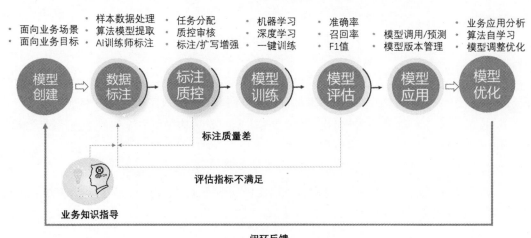

图 10.3.4　模型迭代－全生命周期管理

向下：预训练模型和算法可快速调整。过往由于这部分偏底层，无法干预。但随着技术储备不断提升，预训练模型和算法也应可被管理。比如面向同一债券年报提取的任务，可采用 FinBert 预训练模型，也可以采用 FinNER 预训练模型，需允许替换，交叉验证模型精度。此外，同一任务采用的底层算法也有所不同，比如进行债券违约风险预测时，其可视为一个多分类任务，可以采用 SVM（支持向量机）算法，也可以采用 CNN（卷积神经网络）算法，需能够对采用的算法进行调参优化，如图 10.3.5 所示。

2. 平台快速迭代设计

除了模型的快速迭代，平台也需要能够快速迭代。此部分可基于 MLOps 模式进行设计，实际上模型和平台的快速迭代是不可分割的。MLOps 模式包括 ML（机器学习）、DEV（平台开发部署）、OPS（运营管理）三部分，是数据科学家和运维专业人员之间协作和沟通的一种实践或指导方针，以平台为基地，管理生产机器学习全从模型创建、编排、部署、健康、诊断、治理和业务指标全生命周期。一般来说包括如下几方面：

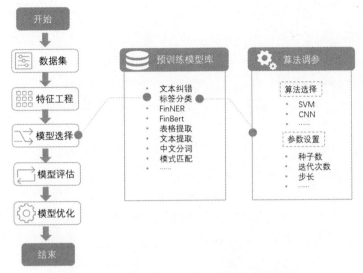

图 10.3.5　模型迭代-预训练模型与算法调参

1）平台层面

（1）开发阶段：AI 智能中台开发基于可视化的 DAG 图低代码开发平台，提高开发效率并降低开发成本；

（2）部署阶段：基于 K8S 容器编排与管理技术，可以在应用程序之间共享操作系统（OS），具有自己的文件系统、CPU、内存、进程空间等，同时由于与基础架构分离，因此可以跨云和 OS 发行版本进行移植；持续集成、持续交付与持续部署（CI/CD）。

具体而言，整体平台采用分布式部署架构，支持回退和切换，每个模块都冗余部署在各服务节点，并由多个 Docker 包装的 AI 节点所组成。针对不同的业务场景，AI 系统可包含不同的 AI 节点。虽然对于 AI 系统来说，组成的节点与架构略有差异，但是在部署与运维的角度上，操作的流程是一致的。对于运维视角来说，系统可简化为：

① 所有 AI 节点，皆以 Docker 包装容器化。

② Docker 容器，运用 docker-compose 进行部署。

③ 采用 Docker 部署，可大幅简化运维人员的管理成本。对于运维人员而言，所有 AI 节点，都可以以相同的方式管理。

④ 每个 AI 节点，独立部署在 docker-compose 的 Docker 软件（版本升级，扩容等）。

⑤ 当某个 AI 节点产生故障时，运维人员可由监控系统得知服务异常，再手动重启节点。

当用户增加导致系统资源不足时，可直接增加 docker-compose AI 节点，扩充容量。

（3）测试阶段：采用自动化测试脚本，部署之后自动进行回归测试。

（4）运维阶段：采用持续模型监控、服务状态监控、模型管理等手段，包括计算资源开销方面的监控、模型 Metric 方面的监控、模型更新周期的监控、外界攻击预防监控。当持续监控效果出现下降时，及时介入排查处理，或触发重训练。

2）角色层面

MLOps 实际上是一个跨学科、跨部门的协作过程，不同角色的相互作用对于在生产中设计、管理、自动化以及运维 ML 系统至关重要。一般来说会包括：

角色 1：业务利益相关者　包括产品负责人、项目经理等。业务利益相关者定义了要使用 ML 实现的业务目标，并负责业务层面的沟通，例如展示 ML 产品产生的投资回报（ROI）。

角色 2：解决方案架构师　解决方案架构师设计架构，并经过全面评估定义要使用的技术。

角色 3：数据科学家（类似角色：ML 专家、ML 开发人员）　数据科学家将业务问题转换为 ML 问题并负责模型工程，包括选择性能最佳的算法和超参数。

角色 4：数据工程师　数据工程师建立并管理数据及特征工程管道。此外，此角色可确保将正确的数据存储到特征系统的数据库中。

角色 5：软件工程师　软件工程师应用软件设计模式、广泛接受的编码指南和最佳实践将原始 ML 问题转化为设计良好的产品。

角色 6：开发运维工程师　DevOps 工程师弥补了开发和运维之间的差距，并确保适当的 CI/CD 自动化、ML 工作流编排、模型部署到生产和监控。

角色 7：ML 工程师/MLOps 工程师　ML 工程师或 MLOps 工程师结合了多个角色的各个方面，因此具有具备跨领域的知识。能够管理自动化的 ML 工作流和模型部署到生产，并监控模型和 ML 基础设施。基于 MLOps 模式，从上述两方面入手，则可保障平台的快速迭代。

参 考 文 献

陈辉, 2019. 监管科技框架与实践[M]. 北京：中国经济出版社.
陈刚, 2021. 数据资源规划与管理实践[M]. 北京：北京交通大学出版社.
杜子芳, 2019. 统计学原理[M]. 北京：国家开放大学出版社.
高复先, 2002. 信息资源规划——信息化建设基础工程[M]. 北京：清华大学出版社.
吕晓玲, 黄丹阳, 2021. 数据科学统计基础[M]. 北京：中国人民大学出版社.
蒋东兴, 等, 2015. 信息化顶层设计[M]. 北京：清华大学出版社.
李伟, 2018. 监管科技应用路径研究[J]. 清华金融评论(3): 22-24.
马费成, 2012. 数字信息资源规划、管理与利用研究[M]. 北京：经济科学出版社.
全国金融标准化技术委员会证券分技术委员会, 中证信息技术服务有限责任公司, 2019. 证券期货业数据模型建设的理论与实践[M]. 北京：中国财政经济出版社.
斯特凡·勒施（Stefan Loesch）, 2019. 监管科技：重塑金融安全[M]. 林华, 等译. 北京：中信出版集团.
HOBERMAN S, 2017. 数据建模经典教程[M]. 2版. 丁永军, 译. 北京：人民邮电出版社.
蔚赵春, 2017. 监管科技RegTech的理论框架及发展应对[J]. 上海金融(10): 65-71.
杨东, 2018. 监管科技：金融科技的监管挑战与维度建构[J]. 中国社会科学(5): 70-92.
尹振涛, 范云朋, 2019. 监管科技（RegTech）的理论基础、实践应用与发展建议[J]. 财经法学(3): 94-107.
周志华, 2016. 机器学习[M]. 北京：清华大学出版社.
弗里蒙特·E. 卡斯特, 詹姆斯·E. 罗森茨韦克, 1985. 组织与管理——系统方法与权变方法[M]. 北京: 中国社会科学出版社, 12-24.

附录 A
管理型流程型监管业务模型示例

表 A.1 政策法规域

业务分类	业务过程	业务活动描述
政策	政策研究	证券期货市场长期性、前瞻性、全局性和规律性问题研究
		研判国内外宏观经济与金融形势，对政策进行分析解读、跟踪评估
		参与撰写上报上级部门的涉及宏观经济和资本市场季度、年度形势的专题分析报告
	政策制定	制定资本市场支持党中央国务院的政策措施
	政策监督落实	会机关负责统筹协调、监督监管等工作
		派出机构发挥属地优势，严格监管，包括现场检查等工作
		交易所承担起监管工作，包括推广、监管等各环节
法律法规	法律法规起草制定、修订	起草证券法、期货与衍生品法、证券投资基金法等法律
		制定、修订行政法规、司法解释、部门规章、行政规范性文件等
	法律法规实施评估	对监管中遇到的法律问题提供咨询和解释
		持续开展部门规章和规范性文件的系统性清理工作
		审查与境外监管机构签署的合作文件及向境外监管机构提供法律协助文件等
		监督协调法律法规的执行
		有关法律法规的宣传教育
监管规则	监管规则制定、修订	研究、拟订、公布年度规章制订工作计划，组织、督促计划的执行
		起草、修订或者组织起草规章草案
		审查、修改规章草案送审稿
		提请委务会审议规章草案
		办理规章公布与备案事宜
		起草或者组织起草规章解释、修改、废止的草案或者意见
		组织开展立法后评估

续表

业务分类	业务过程	业务活动描述
监管规则	监管规则实施评估	对监管中遇到的规则问题提供咨询和解释、报送及反馈修订需求
		监督协调监管规则的执行
		有关监管规则的宣传教育

表 A.2 公司监管域

业务分类	业务过程	业务活动描述
全生命周期监管	辅导验收	派出机构采取审阅辅导验收材料、现场走访辅导对象、约谈有关人员、查阅公司资料、检查或抽查保荐业务工作底稿等方式进行辅导验收
	IPO 审核	发行人申请首次公开发行股票，应当按照证监会有关规定制作注册申请文件，依法由保荐人保荐并向交易所申报
		证券交易所收到发行上市申请文件后 5 个工作日内，对文件进行核对，作出是否受理的决定
		证券交易所按照发行上市申请文件受理的先后顺序开始审核，自受理之日起 20 个工作日内，通过保荐人向发行人提出首轮审核问询
		证券交易所收到发行人及其保荐人、证券服务机构对审核问询的回复后，认为不需要进一步审核问询的，将出具审核报告并提交上市委员会审议
		证券交易所审核通过的，向证监会报送发行人符合发行条件、上市条件和信息披露要求的审核意见、相关审核资料和发行人的发行上市申请文件
	IPO 注册	证监会对发行人的注册申请作出予以注册或者不予注册的决定，认为存在需要进一步说明或者落实事项的，可以要求证券交易所进一步问询
		证监会要求交易所进一步问询，要求保荐人、证券服务机构等对有关事项进行核查，对发行人现场检查，并要求发行人补充、修改申请文件
		证监会按规定公开股票发行注册行政许可事项相关的监管信息
	上市交易	证券交易所办理发行承销、上市手续，并监督发行行为是否合规
		证监会对证券发行承销过程实施事中事后监管，发现涉嫌违法违规或者存在异常情形的，可责令发行人和承销商暂停或中止发行，对相关事项进行调查处理
		中国证券业协会建立对承销商询价、定价、配售行为和网下投资者报价行为的日常监管制度，加强相关行为的监督检查，发现违规情形的，应当及时采取自律监管措施
		中国证券业协会建立对网下投资者和承销商的跟踪分析和评价体系，并根据评价结果采取奖惩措施

续表

业务分类	业务过程	业务活动描述
全生命周期监管	再融资	受理部门接收首发、再融资申请文件
		受理部门进行形式审查,并按程序转发行监管司
		发行监管司提出全部补正要求。需要申请人补正申请材料的,受理部门出具补正通知
		受理部门负责接收、登记申请人按照要求提交的补正申请材料,并按程序转发行监管司
		项目受理后,召开反馈会,履行内部程序后书面反馈给保荐机构
		保荐机构应在向证监会提交首发申请文件的同时,一并提交预先披露材料
		初审会由审核人员汇报发行人的基本情况、初步审核中发现的主要问题及反馈意见回复情况,后提交发审会
		发审会审核发行人的再融资申请
	发行债券	发行人向证券交易所提交规定的申请文件
		证监会对公司债券发行的注册,证券交易所对公司债券发行出具的审核意见
		发行人债券申请经批准后,应当公告债券募集办法
	并购重组	受理部门接收上市公司并购重组行政许可申请材料
		审核员根据审核情况,起草发出反馈意见
		重组委委员对申请人报送的重组事项进行审核,并将审核意见公示
		审核员在法定审核期限内完成行政许可审结
	退市	退市风险预警
		拟终止上市事先告知书
		上市委审核和复核
		终止上市
日常监管	公司治理	制定上市公司治理准则
		加强对上市公司的培训,强化上市公司完善治理
		组织开展上市公司治理专项行动
	履行承诺	派出机构督促上市公司及相关方及时履行承诺,对超期未履行承诺、不规范承诺,督促其履行相应的程序及披露义务,发现违法违规行为的,依法及时处理,通报证券交易所,抄报上市司
		证券交易所负责对上市公司及相关方承诺事项的信息披露监管,并对违反《上市规则》等相关规定的行为采取自律监管措施或纪律处分;发现违反《承诺履行监管指引》等相关法规的,通报证监局,抄报上市司

续表

业务分类	业务过程	业务活动描述
日常监管	信息披露	证券交易所制定信息披露的配套规则
		证券交易所制定公司信用类债券信息披露管理办法
		证券交易所审核上市公司、挂牌公司、债券发行人定期报告和临时公告
		证券交易所处理上市公司、挂牌公司、债券发行人信息披露存在的问题
		派出机构发现上市公司、挂牌公司、债券发行人信息披露存在问题，进行调查处理
	募集资金使用	派出机构对上市公司、债券发行人募集资金情况进行现场监管，发现违法违规行为的，依法及时处理，通报证券交易所，抄报上市司、公众公司部或监管司
		证券交易所对上市公司、债券发行人募集资金存储、使用、变更、管理等情况进行非现场监管，发现上市公司违反《上市规则》《上市公司募集资金管理办法》《公司债券发行与交易管理办法》等相关规定的，采取自律监管措施或纪律处分；发现涉嫌违反证券法律法规的，及时通报派出机构，抄报上市司或监管司
	内部控制	制定《企业内部控制基本规范》
		对上市公司内部控制有效性评估和会计师事务所执业质量检查
	年报审计	证券交易所按照上市司或监管司要求进行年报审核。根据监管需要，将审核情况按辖区通报派出机构，抄报上市司或监管司
		派出机构非现场监管及公司或发行人年报审核
	合并分立	一般行政审批程序，申请、受理、审查与决定、证件（文书）制作与送达、结果公开等
	高风险业务	完善衍生品交易相关法律法规建设，规范上市公司决策程序
	内幕信息	建立完善内幕信息登记管理制度
		派出机构现场检查上市公司的内幕信息管理制度
	现金分红	派出机构对上市公司现金分红规划、制度建设、执行、信息披露等情况进行现场监管，发现违法违规行为的，依法及时处理，通报证券交易所，抄报上市司
		证券交易所对上市公司现金分红情况进行非现场监管，发现上市公司违反相关规定的，采取自律监管措施或纪律处分；发现涉嫌违反证券法律法规的，及时通报派出机构，抄报上市司
	独立性	上市司、派出机构及证券交易所督促上市公司及相关方及时履行关联交易、资金占用、同业竞争、股东担保承诺，对超期未履行、变更或豁免、正常履行中、已履行完毕、长期不履行、其他违反承诺事项的公司，督促其履行相应规定程序及披露义务，发现违法违规行为的，依法及时处理，通报证券交易所，抄报上市司

续表

业务分类	业务过程	业务活动描述
违法违规监管	发行欺诈	派出机构依照法律法规、相关指引及规范流程，对上市公司、挂牌公司或债券发行人治理违法违规线索展开分析，及时上报上市司、公众公司部或监管司并接收其意见反馈，及时采取有效的监管措施
	财务舞弊	
	违规关联交易	
	违规担保	
	违规增减持	
	违规资金占用	
	信息披露违法	
	未履行承诺	
其他	境外发行股票审核	公司申请境外发行股票和上市的，应向证监会报送相关行政许可申请文件
		证监会依照《中国证券监督管理委员会行政许可实施程序规定》（证监会令第66号），对公司提交的行政许可申请文件进行受理、审查，作出行政许可决定
		证监会在收到公司申请文件后，可就涉及的产业政策、利用外资政策和固定资产投资管理规定等事宜征求有关部门意见
		公司收到证监会的受理通知后，可向境外证券监管机构或交易所提交发行上市初步申请；收到证监会行政许可核准文件后，可向境外证券监管机构或交易所提交发行上市正式申请
		公司应在完成境外发行股票和上市后15个工作日内，就境外发行上市的有关情况向证监会提交书面报告
	境外上市公司监管	对境内企业直接和间接境外上市活动统一实施备案管理
		加强监管协同。建立境内企业境外上市监管协调机制，包括建立备案信息通报等机制
		明确法律责任。明确未履行备案程序、备案材料造假等违法违规行为的法律责任，提高违法违规成本
		加强制度包容性。明确在股权激励等情形下，境外直接发行上市可向境内特定主体发行；进一步便利"全流通"；放宽境外募集资金、派发股利的币种限制，满足企业在境外募集人民币的需求

表A.3 机构监管域

业务分类	业务过程	业务活动描述
证券公司监管	业务牌照资格审核	申请人对本人或公司的行政许可申请、提交、查看和进度跟踪等
		受理部门对所接收的材料进行完整性、齐备性等形式审查
		机构部对接收的材料进行审查，并起草行政许可文件，并送交核查签批
		签批行政许可文件，形成行政许可决定书，由机构部送交申请人

续表

业务分类	业务过程	业务活动描述
证券公司监管	从业人员水平评价测试	中国证券业协会负责从业人员水平评价测试、执业注册登记等工作
	业务活动监管	证券经纪业务监管，证券承销与保荐业务监管，证券自营业务监管，证券资产管理业务监管，融资融券业务监管，债券受托管理业务监管，财务顾问业务监管，客户资产的保护监管，基金销售业务监管
	科技与信息安全监管	网络安全检查
		网络安全应急演练
		网络安全事件报告与调查处理
		证券基金经营机构重大技术变更报告
		行业科技监管资源普查
		金融科技创新试点
	重大问题及风险处置	证监会制定《证券公司分类监管规定》确立分类评价指标体系
		证券协会制定《证券公司全面风险管理规范》持续完善风险管理组织架构
	廉洁从业监管	应当严格遵守法律法规和职业道德要求，不断加强廉洁从业管理和风险防范，勤勉尽责、诚实守信、廉洁自律、公平竞争，自觉营造和维护风清气正的企业文化和行业文化，珍视行业声誉
基金公司监管	业务牌照资格审核	申请人对本人或公司的行政许可申请、提交、查看和进度跟踪等
		受理部门对所接收的材料进行完整性、齐备性等形式审查
		机构部对接收的材料进行审查，并起草行政许可文件，并送交核查签批
		签批行政许可文件，形成行政许可决定书，由机构部送交申请人
	从业人员资格审核	中国基金业协会负责从业人员水平评价测试、执业证书发放以及执业注册登记等工作
	公开募集证券投资基金募集注册监管	在现行分类注册的基础上，增加相应的考核指标，增强监管的针对性和及时性，强化产品注册与事中事后监管、特别是机构风险画像的联动机制，并在基金产品注册中依法区分实施鼓励性、审慎性和限制性措施
		在法定注册期限内，对其采取暂停适用快速注册机制、审慎评估、现场核查等审慎性措施
		分类注册
	业务活动监管	公开募集证券投资基金监管、私募资产管理业务监管以及公募基金管理人公司治理、内部控制、经营运作等方面监管
	科技与信息安全监管	网络安全检查
		网络安全应急演练
		网络安全事件报告与调查处理

续表

业务分类	业务过程	业务活动描述
基金公司监管	科技与信息安全监管	证券基金经营机构重大技术变更报告
		行业科技监管资源普查
		金融科技创新试点
	廉洁从业监管	应当严格遵守法律法规和职业道德要求，不断加强廉洁从业管理和风险防范，勤勉尽责、诚实守信、廉洁自律、公平竞争，自觉营造和维护风清气正的企业文化和行业文化，珍视行业声誉
期货公司监管	期货公司设立及变更许可审核	申请。期货公司设立、合并、分立、停业、解散或者申请破产，变更注册资本、主要股东或者公司的实际控制人，需经国务院期货监督管理机构核准
		受理。证监会办公厅或派出机构受理期货公司相关申请事项
		审查与决定。国务院期货监督管理机构依照法定条件、法定程序和审慎监管原则进行审查，作出核准或者不予核准的决定，并通知申请人；不予核准的，应当说明理由
		证书制作与送达。签批行政许可文件，形成行政许可决定书，由期货部送交申请人
		结果公开
	业务活动监管	期货经纪监管，期货交易咨询监管，期货做市交易监管、衍生品交易监管、资产管理监管、金融产品代销业务监管等其他期货业务监管
	公司治理	有良好的公司治理结构、健全的风险管理制度和完善的内部控制制度
		子公司管控
	从业人员监管	制定期货从业人员的行为准则，并监督实施
	科技与信息安全监管	网络安全检查
		网络安全事件报告与调查处理
		期货经营机构重大技术变更报告
		行业科技监管资源普查
		金融科技创新试点
		网络安全应急演练
	重大问题及风险处置	证监会可以根据监管需要及行业发展情况调整风险监管报表的编制及报送要求
		期货公司应当按照证监会规定的方式编制并报送风险监管报表
		证监会派出机构应当对期货公司风险监管指标的计算过程及计算结果的真实性、准确性、完整性进行定期或者不定期检查
		期货公司风险监管指标达到预警标准的，进入风险预警期。风险预警期内，证监会派出机构可视情况采取相关措施
		期货公司分类监管规定

续表

业务分类	业务过程	业务活动描述
期货公司监管	廉洁从业监管	应当严格遵守法律法规和职业道德要求，不断加强廉洁从业管理和风险防范，勤勉尽责、诚实守信、廉洁自律、公平竞争，自觉营造和维护风清气正的企业文化和行业文化，珍视行业声誉
私募基金监管	私募基金管理人登记	各类私募基金管理人向基金业协会申请登记，报送基本信息
		基金业协会通过网站公告私募基金管理人名单及其基本情况的方式，为私募基金管理人办结登记手续
	私募投资基金备案	各类私募基金募集完毕，私募基金管理人应当根据基金业协会的规定，办理基金备案手续，报送相关基本信息
		基金业协会通过网站公告私募基金名单及其基本情况的方式，为私募基金办结备案手续
	私募基金监管	资金募集监管
		投资运作监管
	廉洁从业监管	应当严格遵守法律法规和职业道德要求，不断加强廉洁从业管理和风险防范，勤勉尽责、诚实守信、廉洁自律、公平竞争，自觉营造和维护风清气正的企业文化和行业文化，珍视行业声誉
其他	境外机构投资者资格审核	申请人应当通过托管人向证监会报送合格境外投资者资格申请文件
		合格境外投资者应当依法申请开立证券期货账户
		监管境外机构到境内设立证券、期货机构、从事证券、期货业务

表A.4 市场监管域

业务分类	业务过程	业务活动描述
证券市场监管	证券市场基础统计	证监会统计部门负责制定证券期货市场统计调查项目。证监会派出机构在执行前述统计调查项目时，可以根据本辖区的实际情况和监管工作需要，对统计调查内容作出补充，并报证监会统计部门备案
		证监会统计部门制定证券期货市场统计标准，以保障统计调查中采用的指标含义、计算方法、分类目录、调查表式等方面的标准化
		统计调查对象应当在规定时限内，按照规定的统计调查内容与格式，向证监会及其派出机构报送统计资料。统计资料还应当符合证监会统计部门制定的统计标准
	证券交易与结算风险管理	结算对方的风险
		结算系统运作环境的风险
		证券市场风险
	证券交易监管	证券交易所对证券交易实时监控

续表

业务分类	业务过程	业务活动描述
证券市场监管	证券交易行情分析	行情分析指标
		区间统计
		报表分析
	证券市场信息传播活动监管	证券信息新媒体传播监管
		上市公司信息披露监管
	证券市场交易违规行为监控	制定异常交易行为认定和处理的业务规则
		依据相关业务规则，对客户证券交易行为进行监管
	证券登记、托管、结算机构监管	证监会根据证券法和证券登记结算管理办法对登记、托管、结算机构监管
债券市场监管	债券市场运行监测	债券市场运行情况报告
	债券市场交易监管	对债券交易实时监控
	证券交易与结算风险管理	结算对方的风险
		结算系统运作环境的风险
		债券市场风险
	债券交易行情分析	行情分析指标
		区间统计
		报表分析
	债券市场交易违规行为监控	制定异常交易行为认定和处理的业务规则
		依据相关业务规则，对客户债券交易行为进行监管
	债券市场风险处置	债券风险台账；债券风险处置方案；债券风险处置报告
期货市场监管	上市期货、期权产品及合约规则审核	期货合约品种和标准化期权合约品种的上市应当符合证监会的规定，由期货交易场所依法报经证监会注册
		期货合约品种和标准化期权合约品种的中止上市、恢复上市应当符合证监会的规定，由期货交易场所决定并向证监会备案
	交易、结算、交割等业务活动监管	证监会可以根据市场情况调整期货交易所收取的保证金标准，暂停、恢复或者取消某一期货交易品种的交易
		期货交易所依照法律、行政法规和证监会的规定，制定有关规则。在期货交易所从事期货交易及相关活动，应当遵守期货交易所依法制定的业务规则
	期货市场功能发挥评估	期货品种功能评估报告

续表

业务分类	业务过程	业务活动描述
期货市场监管	期货市场重大问题及风险处置	因突发性事件影响期货交易所正常进行时,为维护期货交易正常秩序和市场公平,期货交易场所可以采取必要的处置措施,并应当及时向证监会报告
场外市场监管	场外市场重点领域综合风险研判分析	场外市场重点领域综合风险研判分析
场外市场监管	区域性股权市场监管	证监会及其派出机构对地方金融监管司门的区域性股权市场监督管理工作进行指导、协调和监督
场外市场监管	区域性股权市场监管	证监会及其派出机构对市场规范运作情况进行监督检查
场外市场监管	区域性股权市场监管	证监会及其派出机构对市场风险进行预警提示和处置督导
场外市场监管	商品及金融场外衍生品市场监管	商品及金融场外衍生品市场监管

表 A.5 服务监管域

业务分类	业务过程	业务活动描述
证券法律事务监管	备案	律师事务所向证监会和国务院有关主管部门备案
证券法律事务监管	备案	律师事务所发生重大事项,应当在 10 个工作日内备案
证券法律事务监管	执业监管	出具法律意见书等文件,并报送证监会及其派出机构
证券法律事务监管	执业监管	证监会及其派出机构、司法行政机关及律师协会建立律师从事证券法律业务的资料库和诚信档案
证券法律事务监管	执业监管	律师、律师事务所从事证券法律业务有相关情形时,中国证监会及其派出机构可以采取责令改正、监管谈话、出具警示函、立案稽查处罚等措施
会计事务监管	备案	会计师事务所从事证券服务业务,应向证监会和国务院有关主管部门备案
会计事务监管	执业监管	IPO 辅导会计监管
会计事务监管	执业监管	年报审计监管
会计事务监管	执业监管	延伸现场检查
会计事务监管	执业监管	并购重组核查会计监管
财务顾问监管	备案	财务顾问机构为具有重大影响的相关事项提供方案设计、出具专业意见等证券服务业务的,向证监会备案(首次备案、重大事项备案、年度备案)
财务顾问监管	执业监管	证监会聚焦财务顾问资质条件的设置,限制财务顾问业务范围等方面整体规范市场
财务顾问监管	执业监管	地方证监局加强辖区上市公司及财务顾问机构的培训与监管
财务顾问监管	执业监管	交易所可以信息披露为抓手对财务顾问进行自律监管

续表

业务分类	业务过程	业务活动描述
资产评估监管	备案	资产评估机构从事证券服务业务，向证监会和国务院有关主管部门备案（首次备案、重大事项备案、年度备案）
	执业监管	并购重组核查监管
		财务报告为目的的评估业务的监管
		延伸现场检查
		日常报备管理
资信评级监管	备案	资信评级机构从事证券服务业务，向证监会备案（首次备案、重大事项备案、年度备案）
	执业监管	证监会及其派出机构应当对证券评级机构内部控制、管理制度、经营运作、风险状况、从业活动、财务状况等进行非现场检查或者现场检查
		证券评级机构应当在上半年结束之日起2个月内和每一会计年度结束之日起4个月内，分别向注册地证监会派出机构报送半年度报告和年度报告
		自律组织应当加强对证券评级业务的自律管理，制定证券评级机构及其人员的自律规则和业务规范，对违反自律规则和业务规范的证券评级机构及其人员给予自律管理措施和纪律处分
信息技术系统服务监管	备案	信息技术系统服务机构从事证券服务业务，向证监会备案（首次备案、重大事项备案、年度备案）
	执业监管	报送备案和监管数据
		产品和服务定期抽检
		网络安全事件调查处理

表 A.6 行为监管域

业务分类	业务过程	业务活动描述
非法发行证券	欺诈发行	欺诈发行监管
	承销证券违法	承销证券违法监管
非法证券期货活动	非法经营证券期货业务	非法经营证券期货业务监管
	非法开设证券交易场所	非法开设证券交易场所监管
	擅自或变相公开发行证券	擅自或变相公开发行证券监管
	擅自公开或变相公开募集基金	擅自公开或变相公开募集基金监管
	擅自设立证券登记结算机构	擅自设立证券登记结算机构监管

续表

业务分类	业务过程	业务活动描述
非法证券期货活动	擅自从事证券期货服务业务	擅自从事证券期货服务业务监管
	非法设立期货交易所	非法设立期货交易所监管
	非法设立期货结算机构	非法设立期货结算机构监管
	非法设立期货经营机构或未经核准从事相关期货业务	非法设立期货经营机构监管
		未经核准从事相关期货业务监管
	未经批准开展期货、衍生品交易	未经批准开展期货、衍生品交易监管
	擅自设立基金公司	擅自设立基金公司监管
	擅自从事公募基金业务	擅自从事公募基金业务监管
	擅自从事托管业务	擅自从事托管业务监管
	擅自从事公募基金服务业务	擅自从事公募基金服务业务监管
违法交易行为	市场操纵	市场操纵监管
	内幕交易	内幕交易监管
	利用未公开信息交易股票	利用未公开信息交易股票监管
	短线交易	短线交易监管
	限制期买卖	限制期买卖监管
	非法程序化交易	非法程序化交易监管
	非法交易股票	非法交易股票监管
	违规参与期货交易	违规参与期货交易监管

表 A.7 稽查处罚域

业务分类	业务过程	业务活动描述
处理各类违法违规线索	线索来源	上级主管部门转交
		日常监管发现
		交易所监控发现
		举报和投诉
		媒体报道
		其他

续表

业务分类	业务过程	业务活动描述
处理各类违法违规线索	线索处理	稽查提前介入
		线索稽查
		非正式调查
		立案稽查
初步调查	初查	非正式调查报备表
		核实情况，了解事情经过、环境、背景
立案撤案	立案稽查	案情线索分析报告
		立案会商会议
		案件报备
案件调查	调查	调查前准备
		调查计划的编制和调整
		证据的收集与审查
		调查工作底稿编制
		现场复核
		调查档案管理
		利用其他专业人士的工作
		现场检查完成后其他工作
		案件调查的质量控制
稽查边控查封冻结	稽查边控	提出申请
		稽查局审核
		稽查局向公安部证券犯罪侦查局通报情况
		稽查局制作统计表格
		公安部协助实施
	查封、冻结	两人办理、出示证件
		制作冻结决定书
		确认银行完成冻结
		制作现场笔录
		冻结通知书给当事人
		向稽查局反馈冻结实施情况
案件发布	案件发布	定期发布案件办理情况

续表

业务分类	业务过程	业务活动描述
案件审理	审理	收案及退案
		案件审核及补充调查
		意见与会商
		财产线索调查及罚没款查封冻结
		审理报告
		审理会
		事先告知程序
		陈述申辩及听证
		移交、移送事项
		送达
		归档
行政处罚执行	行政处罚执行	行政罚没款催缴
		财产线索调查及罚没款查封冻结
		缓缴罚款
		督促、检查、验证当事人纠正违法行为
		申请法院强制执行
案件交接移送	案件交接移送	证监会及其派出机构在行政处罚过程中发现违法行为涉嫌犯罪的，应当依法、及时将案件移送司法机关处理
行政复议诉讼	行政复议	受理行政复议申请
		要求有关单位或部门提交作出行政行为的证据、依据和其他有关材料
		审查申请行政复议的具体行政行为是否合法与适当，拟订行政复议决定
		处理或者转送审查申请
		对证监会或其派出机构、授权组织违反行政复议法规的行为，依照规定的权限和程序提出处理建议
	诉讼	当事人起诉
		拟订答辩状、准备证据、代理文书等应诉材料
		出庭应诉
		应对二审、再审或审判监督等相关工作

表 A.8 专项工作域

业务分类	业务过程	业务活动描述
投资者保护	咨询	投资者对证券期货基金相关业务和制度提出咨询,证监会服务热线经查询热线知识库后可直接答复,若为疑难复杂,可由法律顾问或相关单位或部门协助提供口径后答复投资者
	意见建议	投资者对证券期货基金市场监管政策或工作提出意见建议,证监会服务热线应认真记录,定期归纳汇总供监管工作参考
	投诉	投资者向经营机构提出投诉
		经营机构建立投资者投诉台账,对接收到的投诉事项进行登记
		经营机构对受理的投诉应当及时组织调查核实,做出赔偿、解释、协商等处理
		经营机构应当将处置结果登记在投资者投诉台账中
	举报	举报人通过证券期货违法线索网络举报系统、信函方式,向举报中心举报有关个人或单位涉嫌违反证券期货法律和行政法规的行为
		举报中心负责处理作为稽查案件调查线索的举报,对于符合举报条件的稽查案件调查线索,予以登记;对于其他材料,按规定转证监会相关部门处理,相关部门可以按照职责分工转证监局、交易所等单位处理
	信访	信访办受理信访事项
		信访办根据其反映内容的性质、类型和涉及部门的职责权限,作分类处理,分别确定办理单位或者部门
		信访事项应当自受理之日起 60 日内办结,并书面答复信访人
	调解	投资者与发行人、证券公司发生纠纷,双方可以向投资者保护机构申请调解
	风险揭示	督导促进派出机构、交易所、协会以及市场各经营主体做风险揭示
	教育服务	设立投资者保护宣传日
		建立和推广投资者教育基地
		推动投资者教育纳入国民教育体系
		投资者专项活动
	依法救济	投资者寻求损害赔偿金和其他补偿措施的司法救济程序
		监察员、外部争议解决条款、第三方协议或通过监督个别公司等解决方式
清理整顿各类交易场所	主要文件和政策规定	国务院关于清理整顿各类交易场所的文件
	清理整顿工作机制和分工	统筹协调有关部门和省级政府清理整顿违法交易工作
		督导建立对各类交易场所和交易产品的规范管理制度

续表

业务分类	业务过程	业务活动描述
清理整顿各类交易场所	交易场所的批设	统筹规划各类交易场所的数量规模和区域分布
		制定交易场所品种结构规划和审查标准
		审慎批准设立交易场所
	交易场所的日常监管	制定各类交易场所监管制度
		明确各类交易场所监管机构和职能
		加强日常监管，建立长效机制
		持续做好各类交易场所统计监测、违规处理、风险处置等工作
行业反洗钱	证监会机关	配合国务院反洗钱行政主管部门研究制定证券期货业反洗钱工作的政策、规划，研究解决证券期货业反洗钱工作重大和疑难问题，及时向国务院反洗钱行政主管部门通报反洗钱工作信息
		参与制定证券期货基金经营机构反洗钱有关规章，对证券期货基金经营机构提出建立健全反洗钱内控制度的要求，在证券期货基金经营机构市场准入和人员任职方面贯彻反洗钱要求
		配合国务院反洗钱行政主管部门对证券期货基金经营机构实施反洗钱监管
		会同国务院反洗钱行政主管部门指导中国证券业协会、中国期货业协会制定反洗钱工作指引，开展反洗钱宣传和培训
		研究证券期货业反洗钱的重大问题并提出政策建议
		及时向侦查机关报告涉嫌洗钱犯罪的交易活动，协助司法部门调查处理涉嫌洗钱犯罪案件
		对派出机构落实反洗钱监管工作情况进行考评，对中国证券业协会、中国期货业协会落实反洗钱工作进行指导
	派出机构	配合当地反洗钱行政主管部门对辖区证券期货基金经营机构实施反洗钱监管，并建立信息交流机制
		定期向证监会报送辖区内半年度和年度反洗钱工作情况，及时报告辖区证券期货基金经营机构受反洗钱行政主管部门检查或处罚等信息及相关重大事件
		组织、指导辖区证券期货业的反洗钱培训和宣传工作
		研究辖区证券期货业反洗钱工作问题，并提出改进措施
	证券期货基金协会	制定和修改行业反洗钱相关工作指引
		组织会员单位开展反洗钱培训和宣传工作
		定期向证监会报送协会年度反洗钱工作报告，及时报告相关重大事件
		组织会员单位研究行业反洗钱工作的相关问题

续表

业务分类	业务过程	业务活动描述
行业反洗钱	证券期货基金经营机构	证券期货基金经营机构建立健全反洗钱工作制度
		向当地证监会派出机构报送相关信息
		发现证券期货基金业内涉嫌洗钱活动线索,应当依法向反洗钱行政主管部门、侦查机关举报
电子化信息披露	资本市场电子化信息披露平台	资本市场相关主体依法公开披露的信息
		投资者可通过该平台免费查询首次公开发行企业、上市公司、非上市公众公司、证券公司、债券发行人、公募基金管理公司等依法公开披露的信息